你一定要勇敢，直到抵達自己

唐安妮／著

此刻是晚上九點，窗外暴雨如注，前日的燥熱被雨水沖刷乾淨，空氣裡終於有一絲清涼的味道。不知道是不是因為已經文字寫了太多，寫這篇序言醞釀的時候總是卡住。

毛不易在歌中唱道：「像我這樣迷茫的人，像我這樣尋找的人，像我這樣碌碌無為的人，你還見過多少人。」我有時候想，像我這樣平凡的人，寫出這樣一本書，會有多少人願意打開，並且真正去讀一讀？

在我糾結要如何開始的時候，突然想起黃國平的論文致謝，那篇論文在我心裡留下了深刻的印記，字字句句就像鐘鼓在我心上敲擊。每讀一個字，心裡就會下雨，苦難躍然紙上，讓我無法不回憶一路走來的酸楚。

我依稀記得，那篇論文的第一句是：「我走了很遠的路，吃了很多的苦，才將這份博士學位論文送到你的面前。」黃國平的一字一句，我感同身受，雖遠沒有達到他那樣的高度，但這句話的的確確也可以套用在我身上。

「我走了很遠的路，吃了很多的苦，才將這本書送到你們面前。」

有幸將我的故事以這樣的方式講給你聽，是我的榮幸，倘若你能在某一個清晨或夜晚，為我的文字停留，與我同頻共振，哪怕一秒，都是對我寫作八年莫大的鼓舞。

從身無長物，到真正寫出自己的第一本書，別人看起來是天降好運，但於我這個小鎮女孩而言，個中艱辛和酸楚，怕是三天三夜也敘述不盡。

寫作的這些年，遭遇過嘲笑，經歷過蔑視，再加上自身家庭的原因，我曾經經歷了一段很長的迷茫期。跌進過好多個絕望的黑夜，靠著寫作，我才一步一步走到今天。每個人之間的悲歡並不完全相同，讓你感到快樂的未必讓他人也感到快樂；讓你感到難過的事情未必會讓他人難過。或許別人看來，我經歷的並不算什麼，但這就是我的人生啊。

曾經讀過一句話：誰不是經歷了漫長黑夜才抵達黎明。

因為自己的經歷，我特別想寫一本真正反映我真實內心、講述我真實成長經歷的書，傾注我全部真誠的一本書。

我想把那些經歷寫出來，寫我的渺小，寫我的自卑，寫我的迷茫、我的進取及自我的重塑。

我想讓和我一樣的普通女孩，從我身上找到哪怕一絲一毫的勇氣和力量，這是我創作這本書的初心。

作為一個半路出家的寫作者，我所經歷的寫作之路，說起來還有些有趣，從紙媒雜誌的小說到新媒體寫作，我為了能堅持下去，曾經擱置過對寫作的某部分熱愛，一度為了生活不擇題材和類型而進行「創作」。

痛苦、糾結、矛盾，在熱愛和生活面前來回試探，夢想寫出感性真實的文字，又不得不為了生活而選擇妥協。後來有一天，我突然想通了，努力生活的人不必抱歉，想讓自己和家人擁有好一點的人生，暫時向生活妥協也無可厚非。

我清白做人，勤奮做事，我接受務實的我自己，並且也不再為這樣的自己感到難堪。

當有人問我為什麼改寫新媒體文章，為什麼做自媒體，為什麼不只是專注於寫作本身，我誠實地回答：為了讓自己和家人擁有更好的生活。

美國詩人羅伯特．佛羅斯特在〈未走之路〉中寫道：「樹林裡岔出兩條路，而我——我選了那條人跡較少的，從此決定了我一生的道路。」

寫作是我人生中做過的最正確、最勇敢的選擇，在過去灰濛濛的日子裡，文字陪伴我度過了無數個難熬的時刻，也因為文字，我開墾了屬於我自己的精神莊園。

這條路雖人跡罕至，卻改寫了我原本庸碌的人生，為我開啟了嶄新的人生篇章。

印度著名詩人泰戈爾在〈用生命影響生命〉中寫道：

請保持你心中的光，
因為你不知道，
誰會藉著你的光走出黑暗；

請保持善良，
因為你不知道，
誰會藉著你的善良走出絕望；

請保持你心中的信仰，
因為你不知道，
誰會藉著這個信仰走出迷茫；

請相信自己的力量，
因為你不知道，

誰會因為相信你開始相信自己！

哪怕僅僅是一個人，曾因為我的文字得以度過難熬的灰暗階段，也算是我的一種榮幸。

有時候想一想，我們每個人的人生就如同一本書，一開始我們渴望被別人翻閱、理解和欣賞，以為到了一定的年紀，人生就會是耀眼的華章，而實際上呢？人生不會突然變得華麗，大多數人也只是隨著時間的流逝，慢慢接受自己的普通和平凡。

若人生這本書，不能被旁人停留駐足品讀，那就努力尋得一份自洽，拋棄不必要的期待，專注自身。無論書裡的篇章是平實的還是絢爛的，這都是獨一無二的屬於我們自己的人生。

我還是要再一次感謝寫作，感謝它讓我在城市和鄉野間來去自如，感謝它讓我過上了相對自由的生活，感謝它讓我能夠花更多的時間陪在老人身邊，感謝它讓我找到了更好的我自己。

現在是深夜十一點鐘，寫完稿從書房望向窗外，夜幕下的村落燈火已滅，寂靜異常，腦海裡有很多個伏案寫作的光景反覆閃現，我看著電腦桌面上已經完結的新書文字檔案，情緒湧生，兀自奔騰。

「我一個人度過了無數個半夜挑燈的光景才走到了這裡，雖然不算快，雖然毫無天賦可言，但一想到我如浮雲一般的人生最終能被一些人知曉，並且治癒和陪伴一些人走過低谷期，我就開心得合不攏嘴。人生海海啊，祝我們有帆也有岸。」

目錄

輯三

別做一個沒有價值的好人

輯四

生命中最滾燙的一章

輯五

人生唯一確定的就是不確定的人生

輯六

愛自己才是上上籤

輯一

請允許一切發生

慢慢即漫漫，漫漫亦燦燦

最近被家裡安排了相親，所有人都盯著我，三番兩次推辭後，父親有些生氣，我只好答應和對方先試著接觸。

對方是一個年紀較小的男孩，跟我相差五歲，學歷不錯，工作體面，家庭也無可挑剔，但我們短暫地接觸後，從始至終我都像是看待年紀輕的弟弟一樣來跟他聊天。

大概三四天後，男孩傳訊息問我：「你是不是因為我年紀比你小，所以不想試著認真跟我在一起？」

這句話是直接的，我甚至在看到這句話的時候，一時語塞。

他說的完全正確，我也沒有必要否認，在我連聲抱歉之後，男生有些遺憾地告訴我：「其實我說的也不一定對，你應該是不喜歡我，才會有年紀顧慮。」

我突然醒悟，在面對感情時，原來我一直搞錯了順序。

如果沒有喜歡的感覺，時間、距離，
甚至是出生年月也是我拒之門外的藉口，
但如果前提是喜歡，我想我比任何人都有能力自我說服。

於是對話以一種戛然而止的姿態停止了，和男孩幾天的接觸就像遇風即散的柳絮，揚到了我並不關心的角落。

說起來，這個男生其實是很直接的，直接地表達對我的好感，直接地指出問題，無內耗，也不猶豫。光是看這一點，似乎也比我曾經遇到過的三兩個人好很多。

我曾經經歷過一段失敗的愛情，並且有一段時間對對方頗有怨言。那真是一個殘酷的過程，慢慢離心，慢慢意識到我已經不再是對方想要牽手擁抱的人。

我們在一次次沉默中不了了之，也在一次次爭吵中惡言相對，不知道在掙扎什麼，是捨不得放開，還是捨不得傾盡所有熱烈的曾經。

我後來發現，感情中很多男人始終有逃避的痼習，他們好像天生就會逃避很多問題，比如：

你是不是喜歡上別人了？

你不想結婚對吧？

你不想公開的原因是什麼？

你還愛我嗎？

你真的是忙工作才沒有回覆我的消息嗎？還是不想回？

很多問題，很多感情中的皺褶鋪不平，但他們似乎從不願意正視，反而會以自己的邏輯為這一切找到合理的理由。

你不信任我。你太黏人了。你想太多了。我只是怕麻煩。

於是窮途末路，走到氣數將盡的地步。

那是個寡言的男生，內斂、沉默，相比愛情，我覺得他更重視事業。

這段感情裡，我渴望溝通，我想要他回應很多事情，但對方聽到我呼喊很多次，也點頭表示理解，但因為工作實在太忙了，於是只是堪堪擺出一種抱歉的態度，跟我說一句「對不起」。

到最後我們分開，也還是帶著很多不能消弭的矛盾。

他傷害我了嗎？似乎是沒有的，沒有具體的事件傷害我，但你說沒有傷害，也不對。

對方用輕描淡寫的「對不起」回應我的敏感和崩潰，甚至比爭吵更讓我心傷。

我一個人咀嚼了那些細密濃郁的情緒，獨自揣測對方的言外之意。他狀似深情的那些「對不起」，徒增我無數懊惱和自我懷疑。

他讓那個時候的我打下了無數問號，我一直問自己，是我的問題嗎？是我無理取鬧嗎？是我咄咄逼人嗎？

沒有答案，至今也沒有。

這段感情如同找不到出口的密室，讓我窒息，掙扎著想要找尋一個漏風的縫隙。

但是，不重要了。

答案是什麼不再重要，孰是孰非也不重要，我後來珍藏了這段感情裡好的那部分，重新審視那場如同馬蹄蓮一般的戀愛，我還是汲取到了一些值得珍藏的部分。

他是一個情緒不太外顯的人，有時候會讓我覺得冷漠，但他確實有他的優點，那些優點在最開始讓我覺得他自帶霞光。

比如他對待工作永遠井井有條，遇到任何職場問題都可以保持理性。

他總是以結果為導向去思考問題，或許少了點浪漫，但真的教會我用一種高效的方式對待生活和工作。

他情緒穩定地面對大小事情，給我一針見血地分析和解決問題，不會像我一樣動不動就手忙腳亂。

說起來，和他戀愛的經歷我還是賺了的，他讓我更成熟也更穩重。快要三十歲的我，重新審視這段感情，沒有怨言了。

他是一個普通人，我也是，我們都有缺點，
而因為曾經相愛過，所以暴露了更多不為外人道的灰暗面。

我們磨合了，沒有成功，那就只能分道揚鑣，尋覓下一個所謂「對」的人。

時至今日，我已經不再是小女生心態，也對人性有了更多徹悟，對愛情的理解又上了一個臺階。

當我換一個方式看待愛情，當我不再固執地想要從別人身上獲得安全感，我忽地領略到，原來以自己為本位去戀愛，只去吸收對方身上正向的一面，那些影響，後來會代替那個人永遠烙印在我身上，讓我更豐富，更強大。

這是「不在一起」也不覺得遺憾的一件事，這比苦苦堅持一段感情本身，更讓我覺得「一本萬利」。

至於一生只愛一人，那更像是一則傳說，一則令人嚮往的美麗童話，人類總是賦予俗常過分理想的意義，不要太認真。

好好去愛，記住那些電光石火般的心動，與此同時，別忘了汲取對方身上的耀眼華彩，然後完整自己，相信我，你會因此無懼無畏地走更多路，愛更多人。

「慢慢即漫漫，漫漫亦燦燦」，一直往前走吧，前面的風景更好。

很多問題，很多感情中的皺褶鋪不平，
但他們似乎從不願意正視，
反而會以自己的邏輯為這一切找到合理的理由。
你不信任我。你太黏人了。
你想太多了。我只是怕麻煩。
於是窮途末路，走到氣數將盡的地步。

挺過狂風驟雨，迎來雨過天晴

自由職業的第一個夏天，很快就結束了。好像什麼也沒做，又好像從沒停下腳步。和過去的很多個夏天比較起來，二〇二二年的夏天似乎格外深刻。

我在一方書桌前完成了自己二十歲時許下的願望。那時，我渴望成為一名自由職業者，但我從來沒告訴誰。

那是一個窮女孩夢的開始，沒有長處，沒有施展的舞臺，一無是處，也一無所有，生活一眼望得到盡頭。她當然怯於開口，也怯於表達，她怕別人嘲笑，說她癡心妄想，幻想拔著自己的頭髮飛上天。

「那時」，我又要說「那時」了。

那時我是個自卑的鄉下女孩，皮膚黝黑，站在百貨公司門口，因為不太認識那些知名專櫃保養品的品牌，還為此感到過無盡的羞愧。

那時二十歲，追我的男孩問我，為什麼我只有四百塊錢*出頭的口紅。我冷著臉，沒有讓對方看出我的尷尬和窘迫，並且極力證明自己的內心強大、富足。

「我用賺的稿費買的，一支就夠了。」很平靜、很鎮定，我的聲音沒有破綻，表情也無懈可擊，但內裡其實早已感到難堪。我不知道你們能不能明白我說的，也不知道你們有沒有跟我有著哪怕一秒的共鳴？

在很多人眼中，我是那個獨立自主的女孩，經濟獨立，靠自己打拚出一片天地的女孩。許多年了，我被許多人用差不多的誇獎包裹著。

「她好厲害呀！」

「你真的好勵志！」

「我好羨慕你！」

「靠自己才有底氣！」

---

*本書所提幣值皆已換算為新台幣。

我當然不否認這些誇讚出自真心，我也一點不懷疑這些誇讚背後的真誠。自從從事寫作被很多人關注之後，我常常被別人當作追趕的目標，我何德何能，能有這個資格，當別人人生旅途中的某座燈塔。

可是說真的，每每午夜夢迴，輾轉反側的日子裡，我偶爾會因為這些「誇獎」，突然狂哭不止。

強悍了太久的我，早已不會在別人面前軟弱，自我環抱是我心疼自己的方式。不止一次，我跟我的讀者和粉絲說，如果有人當我的靠山，有人能讓我有選擇和退縮，我是不願意堅強的，我一點也不想堅強。

我敢保證，那些被誇勵志、被誇堅強的女生，大多數都不快樂。
用太堅強誇一個女生，本來就是一件極其殘忍的事情。

毫不隱瞞地說，這些年以來，我成長的主題一直沒有變過，它就是——苦悶。

看似安逸的生活表象之下，是每兩三年一次的巨變。車禍、休學、留級、分手、憂鬱……別人享受青春的年紀，我畫地為牢困於其中，和我自己以及破敗的原生家庭苦苦鬥爭。

被壓迫、被束縛、被拋擲、被折磨、被試煉、被傷害。

這些年，我親手為自己蓋過一次又一次的堡壘，因為生活接二連三的打擊，親眼看其一朝塌陷，我反覆堆砌、反覆重建，一些時候心如死灰，更多時候我則是拉了自己一把又一把。

我說過，我捨不得放棄自己，比起放棄，我更想愛自己。所以我不會輕易認輸，也不會輕易停下腳步。那些自我放棄的人總是說生活沒有意思，人間都是苦難，而我更多時候是為自己的人生感到不甘。

讀書時讀到「王侯將相寧有種乎」，我有一種「敢教日月換新天」的勇氣，我總覺得我也可以改變自己的命運，也可以擁有精彩絕倫的人生。

把所有幼時的渴望，所有被扼殺的需求，用自己這雙手一點點找回，

這是不甘心，更是我深埋在心底的野心。

今年是我從事寫作的第八年，日復一日的伏案工作，讓我的頸椎似乎不太好了，也有了難看的小肚子。但我還是覺得慶幸，人不能「既得又得」，也不能「既要又要」，苦行僧般寫稿的日子，讓我獲得了金錢、自信、尊嚴和安全感，這是我從小就渴望的東西，我當然甘之如飴。

八年了，我好像真的做出了一點點成績，當初向阿姨借的五千塊，早就透過各種方式還了這份情，就連她們買房我也盡了一點點綿薄之力，當初借錢的那份難堪和羞恥感，如今算是被徹底地撫平，曾經不被看好的我，終於挺起胸膛了。

在二十八歲的這個夏天，回首過去的種種，對曾經迷茫且荷爾蒙躁動的學生時代，我已經不再為其慌張，並且多了一份坦然和從容。

寫下這些字的時候，天邊的滾滾烏雲散去，暴雨說停就停，窗外是一片洗過的新綠。

我知道未來或許還有更多場人生的暴雨會降落，但我已經無畏無懼，泥濘裡前行並不狼狽，那會鍛造我更強大的身軀。

我有信心挺過狂風驟雨，更有信心等來雨過天晴。

我捨不得放棄自己，比起放棄，我更想愛自己。
所以我不會輕易認輸，也不會輕易停下腳步。

那些自我放棄的人總是說
生活沒有意思，人間都是苦難，
而我更多時候是為自己的人生感到不甘。

當你強大，全世界都會對你溫柔以待

我曾看過一個網友這樣說：「我不知道我後來的扭捏、我的自卑、我的恐懼、我不正常的自傲、我內心常態的匱乏和空洞、我彷彿撕裂了的心、我對愛不正常的渴望，是不是和自己年少時的經歷有關。可是後來，我付出了多少代價，去成長，去完善自己，用盡所有力氣讓自己活得像一個正常人。」

當時看完就瞬間同理了，午夜時分怎麼也無法入睡。

我的原生家庭沒有很好，在我三個多月的時候，父母就離異了。他們兩個人自由戀愛，閃婚，後來又瞞著雙方父母閃離。

他們衝動結婚生了孩子，卻並沒

有準備好做合格的父親母親。所以最終，為他們失敗的婚姻買單的是我，還有我的爺爺奶奶。

我還在襁褓裡的時候，父親就將我交給爺爺奶奶撫養，而母親去尋找她所謂的自由，和父親不再往來，我們一家三口，在三個地方，過各自的生活。

從小就無比渴望父愛的我，幼年時期很努力讀書，即便天資不聰穎，悟性很一般，但為了能在每週一次的電話裡跟父親炫耀成績，我總是逼著自己比一般小朋友更努力。

七歲之前的我，其實還沒有那麼多憂愁，雖然我的家庭和別人不同，生活中缺少母親的角色，但我知道父親是愛我的，他忙著工作，忙著賺錢供我讀書。他在電話裡千叮萬囑要我聽話，他說女兒你要好好念書，爸爸過年就回家。

在我小小的世界裡，爺爺、奶奶、爸爸，是我貧瘠人生裡的全部，就算周圍的人給了我那麼多的有色目光，我還是能夠樂觀和堅強。不過這種平靜，終究在我七歲那年被打破，一個新的角色闖入了我的生活。

我記得很清楚，那是一個下著鵝毛大雪的冬天。一個陌生女人走進我的視野，而緊隨其後的父親，拎著行李箱，肩上背著的是屬於女人的紅色皮包。

那一年，父親見到我後，對我說的第一句話，不再是「你有沒有想爸爸」，而是催促著要我快點叫「阿姨」。

那是個漫天飄雪的傍晚，我跟在他們身後，路過白雪覆蓋的田埂，心裡彌漫著道不明的酸楚。即便是不諳世事的年紀，我也知道這意味著什麼，這意味著怎樣的巨變。

記不清是從什麼時候開始，周圍的人總會拿我當話題，他們閒聊時會問我：

「孩子，你爸以後給你找個後母，你要怎麼辦？」

「孩子，後母的心黃連的根，你爸找新老婆，你可就苦了。」

我好像從小就是被「恐嚇」大的，為此還時常躲在房間裡哭，奶奶常常不解，為什麼有時候一覺醒來半邊枕巾是濕的。

我其實在很早之前就在做心理建設，我告訴自己，未來總有一天，我會有名義上的「媽媽」，她會讓這個家更完整，也會讓爸爸有知冷知熱的枕邊人。

但這一天真的來了，我反倒慌了，我排斥她，卻不能表現出來，我像電視劇裡城府極深的小女孩，表面上禮貌得體，心裡卻極為不滿。

我開始變成一個會藏事的小孩，擅長隱忍和沉默。

對了，我沒有參加父親的婚禮，女方覺得，新郎有一個八歲的孩子，如果讓親友們瞧見，會覺得尷尬，所以婚禮當天，奶奶和我被留在家裡。

那應該是夏天，我記得婚禮前一晚，我第一次穿上裙子，是父親買給我的，他說一直把女兒當男孩子養，都沒穿過漂亮的裙子。

我穿著那條嶄新的裙子，表演著開心，吃著從未吃過的零食，聽到父親說：「爸爸結婚你就別去了，你就跟奶奶在家。」

那一夜我睡得很不好，後半夜被噩夢驚醒，被奶奶抱在懷裡哭到天明。

第二天婚禮結束，父親喝得酩酊大醉回家，他把我抱在懷裡，然後緩緩跪在了奶奶面前，哭著求他們二老把我撫養長大。

從那時候開始，我的腦袋裡，想的不再是成績好，父親會更喜歡我，我想的是，父親會不會有一天徹底拋下我。

是的，很難過，現在回憶起來，還是會覺得無助和絕望。

那種被最親的人當成負擔，被最愛的人看作累贅的感覺，
伴隨我以後成長的每個瞬間，我性格裡的自卑、討好、敏感，
還有無論如何都填補不了的安全感，
讓我扭捏，也讓我比更多人更需要自尊和自強。

很多年前，我買了一本烏雲裝扮者的書，書名叫《我很好啊，媽》。當年，書中的一句話被我畫出來：「個人的成長是在逃離原生家庭的過程中逐漸展開的，看上去這不是一個美好的動機，但它確實帶來了美好的回報。」

原生家庭對我造成的影響，我至今也不敢說沒有了，我在幾年前還得了中度憂鬱症，一度對生活喪失信心。

逃離它的過程，痛苦伴隨著新生，我將自己撕碎又重新黏合，重塑了新的我，我更懂得感恩，更懂得知足，也更懂得凡事要靠自己爭取。

所以，你可以看到我一路披荊斬棘，做什麼事情都依靠自己。

我渴望自己的房子，自己的床，自己的書桌，自己的衣櫃和窗戶，我想真正呼吸，真正開懷大笑，真正肆無忌憚，真正無拘無束，我不想回到小時候。每一次去父母的新家庭，都有一種寄人籬下的感覺，所以我要讓自己瘋狂成長，像一株生機勃勃的向日葵，伸向更高的天空。

畢業第一年，我的第一份工作薪水只有兩萬出頭，那時生活拮据，租了市中心的房子，交了房租後所剩無幾，剩餘的薪水還要用來孝順爺爺奶奶，用來吃喝，以及中藥調理。

我從小體質不好，宮寒，得過腎炎，再加上甲狀腺結節，總是胡思亂想很多。我怕自己沒有錢去醫院看病。更怕有一天，我需要錢來生活，卻不知道誰會主動幫我一把。

所以我很努力，也很讓人放心。

很多人問過我累不累，我不知道怎麼回答，事實上不累的。

我將自己武裝到牙齒，看起來還蠻辛酸的，甚至不久之前我也覺得自己辛酸，怎麼別人有強力的後盾，我卻沒有。

可是後來，當我真正變強大，我發現沒什麼的，
沒有家庭作後盾的確可悲，但出身這件事，本就沒什麼公平可言。
與其妄圖改變不能改變的，沉溺於過去的痛苦中，
在原生家庭的陰影中顧影自憐，不如放手一搏，或許會迎來柳暗花明的一天。

出身不好，並不妨礙你活得漂亮。如果自己選擇一蹶不振，那才真的毫無指望。當你一個人默默努力的時候，生活也不會辜負你。後來，我自己買到了我想買的房，擁有了我的一處避風港，安全感、自信、勇氣……這些原生家庭沒有給我的，我靠自己找了回來。

我想，正是應驗了那句話——當你強大，全世界都會對你溫柔以待。

我渴望自己的房子，
自己的床，自己的書桌，自己的衣櫃和窗戶，
我想真正呼吸，
真正開懷大笑，真正肆無忌憚，真正無拘無束，
我不想回到小時候。

那天我歆睡在太陽底下，渴望活得盡興豐盛

五月底迎來一場大雨。

院外的薔薇花一夜凋敗，遍地零碎，花瓣被來往的行人踩踏，分屍於腳下。

漫天的柳絮不約而同趕來，半個天際都仿若籠罩著一層朦朧的紗。心情是潮濕的，似還滲著昨夜的雨，沒來得及晾乾。

這座小城在五月中旬就開始吵鬧，耕種、收割、揚曬，自有它的天地人和。我不在這些農忙的身影裡，我也不是不忙，才得空去觀察這些人的起居和日常。

只是拖了三個月的回診終究不敢再拖，懷著一種濕漉漉的心境去醫院，在路上瞧見了老人埋頭農忙的景

象。按道理來說他們比我還累，在鐮刀的一起一落裡，都是實際付出的力氣。何故我什麼都沒有背負，卻總覺得腿上負重了千斤重量。

大概八點，我獨自抵達醫院，大門前的隊伍排成長龍，低空中灰雲踱步，路邊新葉垂頭，總覺得風雨欲來。

候診的時間漫長煎熬，因為害怕被丟進茫然的等待，我特意帶了一本講生命、孤獨的書，以為可以舒緩心情。沒承想，書裡都是從容，而我胸中都是對生與死的怯懼。

照例是躺在超音波室的檢查床上，照例是不苟言笑的女醫師，凝膠塗抹在患處，儀器滑過肌膚，隨之而來的是兩聲難以捉摸的語氣詞。

懸吊著的心在那一刻更是蕩曳，生怕下一秒從高處墜落，摔至粉碎。

從前年開始，這種時刻就令我膽戰，我有時覺得不可思議，有時又覺得理所應當。一無所有時總想著一了百了，擁有時又開始貪心，討要歲歲朝朝。

或許是久病成醫，拿到兩張超音波照片後，自己也看懂了一二，一顆心好端端放下。除了脖子上的甲狀腺結節長大了，需要手術，乳腺結節沒有再長的跡象，它很安分。

兩年前，母親患惡性腫瘤做手術，切除了左側乳房，我哭了很久，緊接著便是我被告知這病有遺傳可能，要我及時去檢查。

一查就是結節三級*。

我在某些日子裡輾轉難眠，不敢看母親的刀口，也害怕有朝一日，命運冷不防在背後這樣抽打我，因此惴惴不安。

又等待了兩個小時，護理師終於通知我可以在診間外等候。

「沒事的，你不要擔心。」

「不管怎樣，還是做個CT*再看。」

虛掩著的門裡，體型壯碩的中年男人低垂著頭，問句裡露出忐忑，他的衣衫已經泛著舊色，皮膚黝黑，一看就是常年暴曬所致，不知是做著怎樣辛苦的工作。

「CT很貴吧，能不能刷醫保*呢？」

「一千五百元，卡裡有錢就能刷。」

男人點點頭，什麼也沒說便起身，他的面容平靜，接駁上一秒的無助，不知道的以為剛才聲音戰慄的人根本不是他。我在頃刻間解讀了他的表情，無力感悄悄浮上心

---

* 結節三級：指「可能良性（probably benign）」，建議短期追蹤。
* CT：電腦斷層掃描。
* 醫保：指大陸醫療體系的「社會醫療保險卡」，政府補助部分醫療費用。

頭，卻做不了更多。

我緊接著走了進去，因為考慮到醫生有可能會觸診，隨手關上了門。醫生拿過手裡的超音波照片，掃了一眼後放下：「我知道你的情況，不過你也只能這樣定時回診檢查，不能掉以輕心，但也不要過於擔心。」

這話不知道聽過多少遍，卻還是感覺半憂半喜。曾經聽醫生說，有些人的結節會透過藥物消掉，但我沒有，長達半年的中藥與西藥服用，結節還是巋然不動。

這麼久了，我已經放棄成為「有些人」中的一個，我接受它存在於我的身體。

「甲狀腺結節兩公分多了，確實可以做手術了，壓迫到血管就不太好。」

我點點頭，還是說出了當下不想住院的想法，在得到了醫生的同意後，我發自內心表示感謝，第一次內心平靜地走出了診間。

那一天，我於人流湧動的醫院大廳找到出口，又在人流湧動的醫院門口駐足，莫名想看看天空。來時灰雲遮日，現在已經晴空萬里。

少許白雲相依，綠樹攢動，的確是剛剛誕生的夏天光景。

我在後知後覺裡意識到，那是我第一次從醫院出來後抬頭看天，也是我第一次，沒有從醫院哭著回家。過去兩年裡，一度被心底的困獸啃齧過脖頸，原生家庭糟糕、中度憂鬱，再加上並不強健的體魄，我悄悄將它們定義為宿命。

你知道的，人一旦有了宿命感，就會沉迷於「命不好」。於是得出了另一個結論——逃不掉。

我以前時常認定這樣悲劇的命運底色，但我後來慢慢振作，已經不敢深究太多。

生病了就去治，心情不好就努力開心和自癒，人不管走到哪一步，都有重重險阻，這是命；昂著頭持劍廝殺來闖出一條康莊大道，這也是命。這樣想著，我後來再也沒有因為遇到險阻就坐地不起，反而哭著也要穿過那片荊棘叢生的峻嶺。

回來之後，我拉開臥室的窗簾，日光透過白色紗幔灑在腳丫子上，我搬來座椅，心血來潮去曬了曬五月熾熱的太陽。

好暖啊，甚至曬得有點癢。每一個毛孔都在呼吸，每一根髮絲都在起舞。

十幾分鐘後，我睡在太陽底下，第一次從心底裡生出渴望，渴望活得盡興豐盛，渴望活得漂亮，渴望擁抱生活，渴望每一天的日升和潮汐。

生病了就去治，
心情不好就努力開心和自癒，
人不管走到哪一步，都有重重險阻。
我後來再也沒有因為遇到險阻就坐地不起，
反而哭著也要穿過那片荊棘叢生的峻嶺。

那個用旅行麻痺自己的年輕人

立秋後，城市迎來一場暴雨，而後便是連綿三天的陰雨天氣，溫度驟然走低，乍一出門，我還有些措手不及。

忙了一個多月的寧終於有了週末，她驅車前來跟我小聚，我們在細雨中前往鄰市的古鎮，找了家臨河的茶室，點了份茶果套餐，就這樣在運河邊上坐了一下午。

來往不少遊船反覆經過，我們看船上的遊客，遊客也探出腦袋，看運河沿岸的人以及古建築。

這是我第一次靜下心觀察南方的雨天，雨水將天空刷成灰白色，低空中雲朵踱步，河面上一圈圈暈開的波紋，橋上行人悠然往來，那點細密的雨絲根本擋不住這古鎮骨子裡的從容。

傍晚時分，遊人不減反增。運河沿岸街燈四起，還有些橘色、紅色的燈籠在船頭陸續被點亮，河面五光十色，映襯著粼粼波光，街邊有些小販擺攤，每一個攤位都被遊人圍堵，好不熱鬧。

一個煙火味十足的千年古鎮似乎在都市的一角活了。

寧在這時起身，我們有默契地離開茶座，循著一曲評彈聲來到橋畔，連日的精神內耗在那一刻煙消雲散，取而代之的，是對這條千年古河的探究之心，以及對雨中萬物的觀察和好奇。

其實這不是我第一次外出遊玩，從前出去過多次，每一次的目的地都比這一次遠，做的攻略也比這一次周全。但很奇怪，從前不管旅行的目的地再怎麼令我心生嚮往，到達後我還是沒辦法從現實中抽離，專心留意身邊的景色。

如今不過是來到鄰市的某個古鎮，卻讓我平靜、享受，沉浸其中。

這些年寫作，認識了不少文青，他們對旅行有種莫名的堅持，每當聊到對未來的迷茫，對生活的焦慮，他們說：「世界這麼大，你該去看看。」

彼時的我總是半夜在社群平臺上看某些景區的評價和攻略，而因為囊中羞澀，我曾多次默默計算往返的旅費，一下子便打消了念頭。說不遺憾是假的，我嚮往那些人旅行時的自由、灑脫、不羈，還有歲月靜好的超然。

為了有朝一日能夠來一場說走就走的旅行，我用很多個不休的週末做著兼職，寫稿子、賺獎金，等到終於有能力實現的時候，我去了一些地方，也看了一些景色，我滿心歡喜地上路，又滿懷心事地返程。

我在想，為什麼心情依舊那麼糟糕，為什麼別人的那種鬆弛感，自己在體驗時卻怎麼也找不到？這個問題一直困擾我，直到今天，我似乎才意識到了些什麼。

幾年前的我，初出茅廬，追著同齡人的腳步，不思考，只會盲從，我以為旅行會治癒自己，會為我的人生帶來巨大的改變。

但那時認知和見識都還尚淺，無論目的地是哪裡，那個對世界、對自我一無所知的我，處於迷茫和忐忑之中，對旅行有著不切實際的期待，以至於每一次旅行之後，我又再次陷入深深的落差中，鬱鬱寡歡。

心是閉塞的，靈魂綁上了枷鎖，再壯闊的雄偉景象，也無法發自內心感受到震撼，自然奇觀的陌生和遙遠、綺麗和絢爛，水軟山溫賦予的心靈的震盪，對於一個消極躊躇的年輕人來講，消受不來，旅行地對她來說，不過是轉瞬的逃避之所。

而生活，哪裡是能夠靠旅行逃避的，生活，逃無可逃。旅行就像是壓抑生活中的迴光返照、水月鏡花罷了。

如今，「旅行」成為都市人的良藥，旅行社的廣告文案也是對症下藥：「身體和靈魂必須有一個要在路上。」、「旅行是在追求自己的詩和遠方。」、「不旅行不足以語人生……」

但是，真的是這樣嗎？

曾經在帕慕克的作品《伊斯坦堡：一座城市的記憶》裡看到過一句話：「所謂不快樂，就是討厭自己和自己的城市。」

這句話可以說是一針見血，完全映照了我幾年前極度渴望旅行的心境。

早幾年的我，剛從校園走出，各種人生難題接踵而來，應接不暇，一邊艱難喘息，一邊幻想著「理想自由的人生」。我厭惡格子間，厭惡冰冷的高樓建築，更厭惡身無長物的我自己，一時間沒辦法改變現狀，於是我想到了用旅行來逃離，麻痺自己。

殊不知，這種避世方法，對真實的生活毫無用處，反而會在旅行後，讓自己陷入一種更可怕的落差中。

這幾年看過很多裸辭去看世界的新聞，網友們紛紛表示羨慕，甚至有些年輕人書也不讀了，只管用腳去丈量世界，完成一種名曰「實現自我」的人生旅程。可是實際上，遠方的門票很貴，每一種光鮮每一種瀟脫背後，必然也犧牲了什麼，甚至有著不可估量的代價。

當一個人選擇不顧世俗的眼光，做著特立獨行的事情，也就意味著放棄了世俗的部分責任和義務。

一個不工作只是窮遊的人，可能有最牽掛他的家人；一個放棄學業只想遨遊世界的年輕人，可能有強而有力的家庭條件撐腰，至於父母對他的拳拳期待，大抵是在一個尋常的日子裡，拗不過子女的堅持，繳械投降了吧。

曾經看過某位名人說過一句話：「生活不止眼前的苟且，還有詩和遠方的田野。」我同意。但我更想說，一個人若是連苟且都沒能做到，卻不顧一切要抓住詩和遠方，那這份詩和遠方就成了新的苟且。

詩和遠方固然值得嚮往，只是一旦這種嚮往被過度解讀，營造成一種焦慮，詩和遠方也就變了質，不值得我們憧憬和期待。

旅行應該是一件輕鬆的、沒有任何包袱的事情，旅行可以達到一定的治癒目的，但絕不能讓你徹底擺脫現實的壓力。比起花掉全部的存款，期待一場旅行改變乏味的人生，我更建議你想辦法累積本錢。

人生漫漫，路要一步一步地走，風景要一點一點地看，
靈魂要一寸一寸地豐盈，你以為的詩和遠方，
沒有一處不需要真金白銀的車票和門票。

朋友，我希望你能去任何你想去的地方，說走就走，當然，前提是，你旅行的目的，不是為了逃避你的現實人生。

一個人若是連苟且都沒能做到，
卻不顧一切要抓住詩和遠方，
那這份詩和遠方就成了新的苟且。

輯二

要勇敢，不要完美

一個不漂亮女孩的鬥爭史

前段時間，我剛用遮瑕膏遮住左側臉頰的斑。因為要去練車，教練不讓學生披頭散髮，說會影響視線，於是很久都不化妝的我，還是拿起了粉底液和粉撲。

我從小不算愛美，因為總是在日頭底下曬，所以一身黝黑的皮膚，再加上頭髮天生就是黃棕色，整個人看起來極其暗淡。

用朋友媽媽的話來說：「乾瘦蠟黃，有點苦相。」

對於不漂亮這件事，我早就有了自知之明。小時候和一群孩子玩耍，大人們互相誇各家的孩子。別的小孩是眼睛真水靈，長得真好看，模樣真俊俏，到我這裡，身高很高哦。我時常問爺爺奶奶我是不是真的不好看，也會問，為什麼我皮膚那麼黑。他們是這個世界上最愛護我的人，因此不管我怎麼問，總是毫不猶豫地誇讚我，說我沒有一絲一毫的缺點。

每當我因為外貌、因為同學們取綽號感到鬱鬱寡歡，他們也會第一個為我打抱不平。為了說服我，爺爺總會伸出手來，用他粗糙犁黑的手背跟我比一比，而後用一種鄭重的語氣告訴我：「黑才是好漢。」

他說，曬黑了是因為要下田幹農活，幹農活了才吃得飽穿得暖。他的道理不算多，說起來也沒那麼難懂，不過他喜歡循序漸進，等到把我哄得點頭如搗蒜，爺爺會繼續追問：「爺爺曬黑了讓我們家吃飽穿暖，你說爺爺是不是好漢？你跟著爺爺在田裡曬著，你也是好漢。你說對不對？」

我說：「對！」

這真是個真誠又好識破的謊言，等我長大一點點，就明白這是老人家傾注了愛在裡面。

在青春期懵懂之前，我的容貌焦慮還不是那麼明顯。我只是知道自己不漂亮，沒有雪白的皮膚，沒有靈動的雙眼，也沒有精緻飽滿的鵝蛋臉。直到有一天，班上的女生們開始討論潮流穿搭，討論白皮膚多好看，討論一白遮三醜，我一下子就感到自己的黯然。那種不開心好絕望，那種「無法改變」的失落，我至今想起來還是感到隱隱心酸。

再後來，我讀大學，同寢的女孩們都擁有了自己的鏡子，我也買了一個，橢圓的，木質底座。室友們在鏡子面前學勾眼線，學刷睫毛，而我卻在我的臉頰左側，發現了拇指大小的褐色胎記。那個胎記比皮膚的顏色深了好幾個色號，不過因為我本身皮膚黑，常年沒有細照鏡子的習慣，胎記也就從沒引起誰的注意。

我的父母不知道，我老花眼的爺爺奶奶不知道，我自己也是在快二十歲才突然發現。這是個好大的秘密，這個秘密被我自己發現的那天下午，心裡陰沉沉的，大片積雨雲濃而厚。

我偷偷下單買了一瓶粉底液，一個人試著去遮蓋這塊胎記，整整一個下午，我一遍遍看著鏡子裡的自己，屬於女孩的心性在那一刻畫上沉痛的句號。

它怎麼也遮不掉，它耀武揚威。

它讓我更加沒自信，無法接受旁人多一秒的細看，我把頭髮撥到臉頰兩側，一次次去觀察，怎樣才能將其隱蔽的更好。

當然了，還有其他的，比如我始終覺得自己臉很寬很大，嘴巴也太薄了，眼睛不夠大……我不再渴求變美，但容貌焦慮的那扇門虛掩著，隨時隨地會因為別人無心的玩笑而打開。

這並不是個矛盾的議題，就像我從不渴求我的父母重新在一起一樣，我早就接受他們各自有家的事實。但我對完整家庭的嚮往，比任何人都強烈。

不過這也從側面證明了一點，我有一點很多人都沒有的智慧：丟掉不切實際的幻想，專注別處。

當我清晰地知道，這輩子絕無可能因為漂亮而被愛或者因為漂亮而使得我耀眼，我就暗自發誓，以後不會為了讓自己迎合社會框架中的審美觀而做出犧牲自己的行為，時間上金錢上都是。而後就是一路武裝到牙齒的堅持了。而後就是很多人無法理解的拚命賺錢的八年。

一個放棄外貌的女子，要麼是對人生擺爛，要麼就是要在美貌之外的地方努力。我便屬於後者。細數過去無數的日子，印象中為了變美做出的改變屈指可數，大學第一年，我頂著一頭短髮踏入校園，直到第二年暑假才紮起人生中的第一次馬尾，就連舍監阿姨都說，剛開始來的時候皮膚好黑，真像個小男生。

我在工作第一年才燙了人生中的第一次大波浪，和閨密一起儲值了美髮店五千元的會員，那張會員卡裡還有六百五十元至今沒有花掉。人生中最樂意做的一個變美項目大概是美甲，我的手指還算纖細，於是從我手裡有錢可以做指甲開始，我就開始喜歡往美甲店跑。

大概十年了，我在美甲上確實花了不少。如今的我，賺得還行，手裡有餘錢，也被不少人誇讚優秀。容貌焦慮還在嗎？我告訴你，它還在。

有時候我很詫異，為什麼我身邊年收入五十萬的男生，可以居高臨下評判一個女孩的外貌、身材，明明他自己大腹便便，油光滿面。

而又是為什麼？我賺得比他們多，我卻沒有那種「自信」，面對一些外貌的惡意中傷，還是第一時間選擇了尷尬笑笑，不願意據理力爭。

我反省了一下，這種自卑和沒自信從小就根植在我的骨子裡，就像我爸爸也會說：「怎麼我女兒皮膚那麼黑，一點也不像我。」有意的、無意的，調侃，調笑，太多了，多到我覺得這是我自己的問題，我為我的不美感到尷尬和抱歉。

而二十幾年後，我經濟獨立，靠金錢粉飾了一些東西，但終究是杯水車薪。我是完全在不被看好的聲音裡成長的，所謂的堅強、自信，都是靠後天包裝，健康的充盈的自信的嗅覺，也都是後天靠自己去摸索，脆弱易碎，並不牢固。

我還是真誠地希望大家能夠感受到愛，以及發自內心地享受人生的每一種狀態，比如工作，比如想變美的心情。不要像我一樣，現實又悲觀。也許是因為，我的成長道路有些崎嶇，我真正過過比較辛苦的日子，所以我不會被金錢帶來的「溫柔以待」征服。

我還是不漂亮，容貌焦慮越來越具體，皮膚暗沉、雀斑、毛孔、色斑一樣不少，但是既然，大家只看到我的優秀，那我也不想再去糾結了。

人要學會抓主要的問題，學會放過自己，並且接受永遠不可能完美的自己，這是一種莫大的智慧。

好多年了，我接受了自己的這張臉，醜還是醜，但說真的，賺到錢後，容貌焦慮也就偶爾發作。經濟獨立，生活自由，已經擁有了那麼多了，我就不再執著於皮相了。

武裝大腦，豐富自身，你會發現，皮囊對於你的人生而言，如此輕飄。

我不再渴求變美，但容貌焦慮的那扇門虛掩著，
隨時隨地會因為別人無心的玩笑而打開。
這並不是個矛盾的議題，
就像我從不渴求我的父母重新在一起一樣，
我早就接受他們各自有家的事實。
但我對完整家庭的嚮往，比任何人都強烈。

按照自己的意願生活

四月初的時候，我將老家的空房間收拾出來，把書桌搬了過去，讀書、寫作、看電影，都在那裡。

那間房原本沒有粉刷，毛坯房，因為常年沒有人進去，打開門時，門後還結著一張很大的蜘蛛網。當時爺爺覺得不可思議，這樣的房間怎麼能用來辦公呢，他否決了我的想法。

不過我還是下定了決心，私下聯絡做油漆粉刷的師傅，請他抽空過來一趟。牆面一粉刷，我再把書桌搬過來，放置一些書，這裡總不會太寒酸。

於是說做就做，先是在師傅的指導下買了一桶油漆，又去爺爺的「倉庫」裡找了些塑膠紙，對了，還去鄰居家借了一架梯子，可以說萬事俱備，只等師傅上門。

短短一天的工夫，原本的毛坯房就變得明亮，一扇大窗引渡大片日光。我又從網上購買了一些書架和置物架，擺上我的書和裝飾品，整個房間竟然有一種另類的簡約和清新。

書桌臨著窗戶，寫累了就轉頭看看窗外，那裡一眼望過去，有大片盎然的綠。紅瓦、施工到一半的樓房、嘰嘰喳喳的鳥叫，還有不知疲倦的雞叫聲。

和爺爺奶奶一起去花卉市場買了些植物盆栽。百合、富貴子、富貴竹、長壽花、藍繡球、仙人掌、鬱金香……

鬱鬱蔥蔥、朝氣蓬勃。

一直都不知道，原來買一些花花草草是這樣幸福的事情。

更幸福的是，我親手將花蕾澆灌成鮮花，將愁容滿面的枯葉修剪掉，將乾涸的泥土打濕，我和每一株生命都建立了關聯，我對每一個明天的期待又悄悄多了一點點。

我依稀還記得過去幾年瘋狂趕地鐵打卡上班的日子，還記得淋雨回家崩潰大哭的日子，那些光景讓我迅速學會長大，也讓我幾乎沒有時間觀察生活、觀察我自己、觀察任何一朵花開甚或牆角的螞蟻打架。

現在的日子照舊是匆忙的，但又豐盈簡單。

彼時疫情當前，很多人工作不順，就業困難，為生計發愁。

而我不可謂不幸運。

二〇二〇年初，疫情暴發，我回到鄉下過春節，被滯留老家長達四個月，大家都因為降薪失落的時候，我卻因為簽約作者的身分，在家淨賺了三十萬左右。

再後來我在上班及兼職寫稿的同時又做起了自媒體，也是做得風生水起。

日子就這樣晃呀晃，疫情還在繼續，而我已經靠寫作買了房，回到了老家，自由撰稿，提前實現了「財富自由」。

人生真的是很神奇啊，幾年前我還會因為房租太貴只能五人合租而自怨自艾，幾年後，我活成了許多人羨慕的樣子，每月有著將近六位數的收入，卻在鄉下過著再普通不過的日子。

一年了，歲月像念珠般轉過去，後知後覺。四季流轉了一輪，這是我成為自由職業者在鄉下的第二年。

我驚奇地發現，過去在城市沒有一刻不在緊繃的身體，如今已經完全輕盈。原來生活狀態真的可以改變一個人。

當然，在鄉下生活這件事也不是誰都能理解，不少朋友勸我去見世面去開闊眼界，到大城市闖一闖。

如果是剛畢業的時候，我想我會認同這些朋友的建議。但我已二十八歲，經歷過三次職場，也在城市裡看過繁華和熱鬧，日復一日的生活讓我逐漸認識了自己的內心，也深知自己真正的渴望。

我想自由，想不被規則束縛，想要遵循自己的內心，去做一些隨心的事情。

城市的建築恢宏壯闊，華麗的商業中心更是讓人眼花繚亂，但這些不屬於我，並且不曾在任何時刻讓我心生嚮往。

村上春樹說：「不管全世界所有人怎麼說，我都認為自己的感受才是正確的。無論別人怎麼看，我絕不打亂自己的節奏。喜歡的事自然可以堅持，不喜歡怎麼也長久不了。」

我還是喜歡鄉下簡單而又淳樸的人際關係，喜歡在曠野裡聽蟬鳴、在河埂上看麥田收割，那是我在感到疲憊時就可以駐足休憩的地方。

現在是下午五點，麻雀停在不遠處的電線杆上，婉轉鳴叫，室內的百合，已經在我的澆灌下，開出了第一朵花。

就像麥家說的，人生海海，潮落之後是潮起，你說那是消磨、笑柄、罪過，但那是我的英雄主義。

我依稀還記得過去幾年瘋狂趕地鐵打卡上班的日子，
還記得淋雨回家崩潰大哭的日子，
那些光景讓我迅速學會長大，
也讓我幾乎沒有時間觀察生活、觀察我自己、
觀察任何一朵花開甚或牆角的螞蟻打架。

人生變好，是從變堅強開始的

向阿姨借五千塊錢這件事，我一直耿耿於懷，現在回想起來，借錢時的心境還是無比清晰，羞恥、難堪，恨自己的無能。

跟阿姨借錢的時候，我剛畢業，面臨就業難題，全身上下只有一萬五，我一個人拖著行李箱，登上了前往大城市的巴士，準備在那座城市裡找一份工作。

出發的那天，天氣很熱，爺爺騎著電動三輪車把我送去車站。他跟我說：「年紀大了，以後不能幫你更多了。」

我沒有接話，鼻腔卻瞬間酸澀了起來，我強行忍著眼淚，淹沒在人流裡，希望留給他一個勇敢的背影。

那是二〇一八年的夏天，小城鎮的車站裡總有人出發，我坐在車廂靠窗的位置上，看到爺爺站在車站的出口對著我揮手，在暴烈日頭下的城市被慢慢甩在身後，爺爺的身影越來越小，直到消失不見。

我望向窗外，樹影急速後退，前路並不清晰，只是在備忘錄裡寫下了一句話：

「走出去，別讓人看低你。」

說真的，我對錢沒有概念，對這個大城市也沒有概念，原本以為大學存的一萬多塊可以讓我在找工作的期間撐一下，但是真的到了大城市，才發現這些錢是杯水車薪。

我不敢貿然租房，因為工作尚未確定，我也不敢住旅館，因為每天的吃喝及交通就要二百塊起步，我又想到工作後不是一上班就有薪水拿的，於是下車的時候，我就坐在行李箱上，將三張提款卡和行動支付裡的錢全部加在一起算了一遍。

那是我最狼狽無助的一天，在車站看著人來人往，還沒在那座城市生活過一天，就覺得被捶打得抬不起頭來。

我在幾番糾結下，打通了已在大城市落腳的朋友的電話，語氣小心翼翼，生怕對方會為難。所幸，朋友二話不說同意了，讓我跟她擠一擠她的小雅房，我感激得語無倫次。

和朋友住在一起才知道，那時她剛剛交往了一個男友，正在熱戀期，我的存在無疑是有點尷尬的，每次她的男友過來，我就像一個大燈泡，無處可避。

為了不將這份尷尬持續下去，我半夜兩點多都在投遞履歷，恨不得立刻搬出去。

後段藝術學院畢業的我，念的科系也是後段班，找工作的時候，大學四年的所學並沒有為我加分。反倒是憑藉為雜誌和新媒體寫過文章的經驗，讓我在面試時被高看一眼，輕易得到了我的第一份工作——原創編輯。

工作確定了，緊接著便是開始找房子。朋友和我一起在租屋網站上翻找，預算之內的房源都是合租，我越看越灰心，越看越沮喪，看到最後，老老實實去看了合租房，幾番對比之下，我租了地鐵終點站附近每月五千元的雅房。

那房子很乾淨，房間不大，卻有一個讓人心情明朗的飄窗，我一眼看中，旋即打了電話給我媽，要她轉錢給我急用。

她倒是沒有為難，很爽快地說會匯款給我，只不過最後只有一萬塊。她回電話給我，理由是不能一個人承擔，要我無論如何要從我爸那要點錢。她後來又叨叨絮絮說了很多，無非是怪我不會撒嬌不會討我爸歡心，說我不像是有了個後母，反倒像是有了個後爸。

我悶聲回了很多聲「嗯」，但看著到帳的一萬塊，心裡默默又下了一場無聲的大雨。

我媽只是對我爸不滿，對我沒有惡意，
但這些年，很多話還是無意中傷害了我，
包括我不會撒嬌、學不會被愛這件事，
都讓我覺得錯都在我，是我的問題。

我又厚著臉皮打通了我爸的電話，老老實實交代了境況後，電話那頭是意料之中的冷漠，他沉默了一會，給出了他的回應：「你去找你阿姨，你去找她要，她一定會給你。」

那條路到處是施工的工程，空氣裡揚起塵土，我聽著電話裡那個「可靠」的建議，還是沒忍住掉下了眼淚。那一刻我突然悲哀地想，自己一直以來就像是一顆被踢來踢去的皮球，多多少少是惹人嫌的，並不招人歡喜。

晚一點的時候，我撥通了阿姨的電話，開口的時候已經略微有些哽咽，不知道這情緒的爆發是因為什麼，我自己回頭想的時候也沒有想通。

是因為羞恥心和尊嚴被碾碎了嗎？是因為親媽親爸之間的推脫嗎？還是怕仍舊要不到錢沒辦法付房租呢？我不知道。

我只知道當日的心情，如今回憶起來還會感到臉頰發燙。

從那時候開始吧，我暗自發誓一定要多賺錢，一定要獨立自主，這種卑微的姿態最好以後都不要再有。

工作的那三年，我早上六點半起床寫稿，坐地鐵通勤的兩小時裡，找資料、做選題，最瘋狂的時候，我買了一箱穀物沖泡飲當早晚餐，只為了節省時間寫東西，多賺點錢。

很多年前，當我知道身後空無一人，也沒有所謂的愛可以加持風雲驟變的人生時，我就想通了很多事。比如我必須買一間屬於自己的房子，比如我必須擁有誰也拿不走的生存技能，比如必須努力賺錢，我的人生才能擁有一些轉機和變軌。

人活著總要有許多能量，沒有能量就不會早起，也不會努力，更別談逆襲。

而我能夠始終咬著牙堅持，只不過是捨不得自己、捨不得爺爺奶奶獨自生活在鄉下，日子清苦，沒有照應。這是我一直以來咬牙前行，狠逼自己的動力。

很多人說我活得太累了，說我應該兩手一攤躺平，但講真的，我不知道怎麼活會輕鬆，我也不太認同很多人的輕鬆。逛街吃飯，拍照打卡，這樣就是生活輕鬆的表現嗎？不同的人對輕鬆的定義不同。

能夠陪著奶奶去醫院，並且不為錢發愁我覺得輕鬆；能夠擁有自己的房子，我覺得所有的努力都值得。

我用我自己認同的舒服、輕鬆的方法生活，真的沒你們想的那麼累。

前幾天看許知遠的《遊蕩集》，裡面有一句話我深有體會：「太多人誤以為自己的經驗就是全部的經驗，對更大的、可能迷失的世界心懷抵觸。」

我從出生開始，就接受自己破碎的家庭，面對自己的平庸，承認自己性格上的缺陷、成長過程中的種種。

你們對愛、對生活的總結和經驗，無法成為我的。我們各自的人生對別人而言或許總是亂碼，但於本人而言，卻是有序的組合。

當然，不同的人眼中，亂碼也是不同的，這裡不好，那裡不完美，這個性格要改，那個觀念不對……我不想求同，但希望大家能夠接受「異」。

那些拚命賺錢的人，那些拚命省錢的人，那些彆扭又自尊感極強的人，這些人背負的人生，或多或少和你不一樣，你可以不理解，但應該尊重。

你們對愛、對生活的總結和經驗，
無法成為我的。
我們各自的人生對別人而言或許總是亂碼，
但於本人而言，卻是有序的組合。

無須眾望所歸，只願和平庸對峙

我的一切規劃就是為了成為一名自由職業者。

那句話定格在二〇一八年九月十二日，在一場試用期提前轉正職的談話中誕生。

公司人力資源部負責人的眼睛裡充滿了欣賞，她為我沖了一杯咖啡，言語裡都是褒獎，我一時間被「冒牌者症候群」困住了，我問她，我真的有那麼優秀嗎？

她說當然，試用期三個月，而你只用了十七天。

她緊接著問了我的職業規劃，是繼續做出好的業績，為公司寫出更好的文章，還是想離開這裡去更大的城市發展？

我的腦子裡緩緩跳出「職業規劃」四個大字，初出茅廬的我，在職場上第一次被這樣尊重和肯定，一時竟不知道怎麼回答。

我不是那種一開始就有極大抱負的人，從讀書時代寫稿到後來做新媒體，一切的前進都是被生活推著趕著，我只是一個謀生的人，僅此而已。

那天的我，沒有說出很好聽的話，在對方的詢問下，也不過是誠實地回答了一句：「我希望有天能夠被更多人認可。」

這場談話結束的晚上，我在我的社群帳號頁面上寫下這句：「我的一切規劃就是為了成為一名自由職業者。」

我希望沒有人再問我的職業規劃，我希望自己擁有自由之身，我希望不再因為高昂的房租產生對生活的無力感。

我希望，我能抵達我自己。

時間來到二〇二二年，如今的我已經成為自由職業者有一年半的時間了，我在二〇二一年的三月再次離職了，也是最後一次。

離職那天，我做完工作交接後，把平時接觸到的文字帳號絕大部分取消關注，只留下三五個自己喜歡看的小眾文字帳號。

我站在公司附近的一家便利商店裡，望著玻璃窗外林立的樓宇，一時間有種熱流在胸口湧動，似要噴薄而出。我終於要離開格子間了，也終於可以自主選擇想要的生活方式了。

三年的時間，我真的完成了當初和自己的約定。

回憶過去這幾年，更新網路文章，更新隨筆，閒閒散散在自己的自媒體平臺胡言亂語，贏得了一些人的喜愛，讓我得以在離職後維持生計，獲得基本的體面。

和很多大品牌合作，也有了自己固定的變現平臺，我的職業規劃我自己說了算。

沒有公司成就我，我單打獨鬥，自己成就自己。沒有一夜暴富、一夜成名，兩台電腦裡儲存的文字檔案，備忘錄裡幾千則隨筆，以及眾多平臺的文字更新，都見證著我爆發式的成長。

至於當初擺脫不了的冒牌者症候群，現在也早就被我遠遠地拋開。

我明白，沒有天降好運，是我自己爭氣。

以前看過央視對羽生結弦比賽的一句解說詞：「命運對勇士低語，你無法抵禦風暴。勇士低聲回應，我就是風暴。」

也許你們不信，當時的我聽完這句話，心中倒灌了一股酸澀，我滿腔的不甘啊，我從出生起就經歷命運的沉浮。我沒想過自己能跑多快，我也一直害怕自己跌倒，但你知道，飽嘗艱辛長大的小孩，最不缺的就是努力以及硬撐到底的堅持。

我感謝當初寫下的小目標，也感謝我自己從未動搖的決心。

三年了，說長不長，說短不短，我假裝自信地走在城市的道路上，像一個真正長大的成年人。

只是時間匆匆而過，城市的高樓讓我感到枯燥，每天在格子間為了制訂的工作目標機械地敲字，讓我一度喪失了寫作的熱情。

在城市工作越久，虛無感越發不可收拾，一顆心從沒有被塞滿過。我好像泄了氣的氣球，乾癟，無法參與人群中的高潮，無論是怎樣的氛圍，我都無法感知到快樂。

即便賺了錢，即便關緊了所有的窗戶，即便把租來的房子塞得滿滿當當，睡覺的時候，我總感覺冷颼颼的，像是有風從哪裡跑了進來。

我時常想去看看漏風的缺口在哪裡，我想從那個缺口鑽出去，又或者把風口堵住，我想驅趕那份隱隱約約的不安感。

可是好久了，這份不安感如影隨形。

我每天工作，每天上下班，和父親的關係劍拔弩張，和母親少有聯絡，唯一建立親密關係的爺爺奶奶，遠在千里之外的老家。

我很想他們，想我的爺爺奶奶，想把我拉扯大的兩位老人。我在想，也許他們才是答案。

從步入社會開始，在外的每一個晚上我都沒有睡安穩。夜晚的城市霓虹閃爍，車流交錯，我站在租屋處的公寓陽臺上和他們通話，沒有一次不哽咽。

我和他們的緣分還有多久呢？有時候我輾轉難眠，掰著指頭，一邊計算他們的年齡一邊哭得洶湧，我甚至不敢想，如果以後一直因為工作一年只能回去兩次，我跟他們還有多少見面的機會。

所以，我還是回到了老家，回到了塵土飛揚的鄉下老家。

我用一個晚上的時間做了這個決定，並且做好承擔一切後果的心理準備，去面對母親的不理解、父親的反對，以及周遭的不認同。

慶幸的是，這條路並沒有阻礙我後來的成長。從事自由職業後半年，我存到了一間兩房房子的頭期款，在一座城市中擁有了自己人生中夢寐以求的房子。

不過我還是沒有在那座城市居住，依舊選擇了待在老家，陪伴爺爺奶奶，偶爾處理事務回那裡，也會包車把兩位老人帶著，我去哪兒，他們便去哪兒。

日子慢悠悠的，也多了份從容和平淡，能夠沐浴在愛裡，我已經感到彌足珍貴。

今年我二十八歲，在鄉下許多人的眼中已經不是特別年輕的「好」年紀了，倘若結了婚還好，但我未婚，似乎就多了一份和世界的格格不入。

我在這兩年又多了需要抵抗的東西——世俗的眼光。

這也是我離職回老家前預想到的後果之一，不過等它真正到來的時候沒有我想像的那麼難熬。我不停聽著勸告、玩笑、揶揄、調侃，但也毫髮無傷，仍舊懷著一顆感恩、勇敢的心迎接我每一次的年歲增長。

我不想去走那條很多人都去走的路，也不想在什麼年齡就做什麼事，有點疲憊，但甘心承擔。

我猜，人生最好的狀態就是現在。

我做出種種決定不再是迫不得已，我對生活終於有了主動的決心。

還是想說，回到鄉野是我做過最正確的決定，這是我人生中第一次感到靈與物的平衡。

日升日落裡，時光輕飄飄掠過，卻始終有跡可循。

幼年的果樹長至成熟，綠色的麥浪轉換成燃燒的金黃，泥塘裡扇葉下冒出粉色的荷花，尋覓吃食的野貓又長大了一些，轉瞬間赤紅的晚霞……

曾經被撕扯得裂紋叢生的心，在這一年裡修修補補，以緩慢的進度被光填滿，感知到生活的可愛，自然的生機。城市裡找過繁華的我，如今只想在鄉野裡找詩意。

就做玉皇山上的山泉吧，不急不緩；就做今晚的明月吧，身處黑夜卻也皎潔殊絕；就做我自己吧，不一定眾望所歸，滿身富貴，卻和平庸對峙，保有一份赤誠與本真。

我猜，人生最好的狀態就是現在。
我做出種種決定不再是迫不得已，
我對生活終於有了主動的決心。

請你一直向前走，不要回頭

我後來又會想起那個午後，陽光懶懶的，好像時間也在踱步，跟著我們一起愜意。

那是我和L時隔六年的一次見面，我們各自跨越了好長一段距離，在一家咖啡廳裡短暫地相聚。

六年沒見了，但絲毫沒有拘謹和尷尬，我記得我的第一句話是：「最近沒有不開心吧？」

對於很多人而言，這句話好像沒頭沒腦，不按常理出牌，但我們倆了然於心，她給了我一抹會心的笑容，而後也問了我同樣的問題。

我說好著呢，長大了都是好日子。

我和L是有過一段深厚的革命友誼的，在我們都弱小無助的年紀，曾經相互依偎，緊緊抱著彼此取暖，童年對我們來說是痛苦的試煉，多的是遍體鱗傷的時刻。

幸福的家庭都是一樣的，但那些不幸運的，多多少少都有些不同。

我大概十二三歲的時候，見過L被父母拳打腳踢的模樣。

L和我一樣出生在不大完美的家庭，經濟條件不算好，父母經常爭吵打鬧。她的母親因為婚姻不幸福，常常將怨氣撒到她的身上。

我記得有一年春天，很多年沒穿過新衣服的L，用買試卷的錢偷偷買了一件牛仔外套。那天她敲響我家的門，告訴我說：「我今天去買了一件外套，我媽要是問起來，我就說你穿不下的衣服，順手送我穿了。」

我沒見過那樣的Ｌ，笑得開心，她的臉上第一次有了少女的稚氣。

不過我沒想到，Ｌ的謊言很快就被揭穿了。老師打來電話說，不強求買試卷，但全班就你家孩子沒買，Ｌ被抓個正著。

我站在那幢破舊的老房子外面，聽著裡面撕心裂肺的喊叫，第一次覺得，我的生活、我的家庭，或許比Ｌ幸運。

十幾歲的我很害怕，不敢進去阻止，只能掉頭跑開，去最近的一家藥局買了ＯＫ繃。我知道，Ｌ又要鼻青臉腫了。

回憶飄回到Ｌ被打的下午四點，欲落不落的夕陽照在她的臉上，眼裡都是倔強。說真的，Ｌ很漂亮，但她的眼神總是凌厲，鋒芒中有一種生人勿近的冷冽。Ｌ的嘴唇破了，嘴角血淋淋，牛仔外套上也有血跡，她的頭髮被抓過，額頭的瀏海禿了一大塊。手腕也有血痕，一塊一塊的，應該是被掐或是狠狠擰過。

我撕開ＯＫ繃，不過Ｌ擺擺手，別過臉表示拒絕。

自始至終Ｌ只說了一句話：「我想疼，我想記著。」

那個少女穿新衣服的美夢只做了一晚就碎了，她望著天，硬是沒讓眼淚掉下來。我打算安慰她，但她卻說了什麼呢？

L說：「你爸媽其實還好，你別埋怨他們。」

她甚至指著自己的傷口調侃：「你爺爺奶奶護著你，誰敢動你一根汗毛？你就知足吧。」

這就是L，一個在我幼年時期陪伴我治癒我的角色。我們常說安慰一個朋友最好的方式就是比慘，L就是這樣安慰我的，用血淋淋的傷口，用窒息的家庭環境來跟我一一對比，讓我學會知足、讓我懂得感恩，成為我小小世界裡的蓋世英雄。

有了L的襯托，曾經一味顧影自憐的我，開始心理催眠自己：「你沒那麼慘，你其實很幸運了，你必須振作點。」

的確，在我三個多月大父母就離異，他們後來各自有家，在幼年時我跟著奶奶住過破舊的房子，在城市裡上學，因為沒吃過奇異果被嘲笑，住的房子也是老破小，但真的不算什麼。

我還有爺爺奶奶全部的愛，我還有慰藉，和L相比，我豈止是幸運了一點點。

L從小在垃圾中轉站旁生活，就連那裡的房子也是她大阿姨家施捨的，她經常被母親暴打，很多次我站在垃圾房前聽到她的哭喊，半夜裡偷偷跑出來和她抱在一起哭。

這麼說不是幸災樂禍，而是，透過這個同樣被命運捶打的玩伴，我原本有過的悲觀念頭被掐滅了。我們都被家庭傷得體無完膚，我們同樣想掙脫原生家庭的桎梏，但我懦弱逃避只會哭，而L被打得遍體鱗傷，還是大喊著要堅強，要走出去。

我始終記得L以前經常在我耳邊說的一句話：「會長大的，長大就好了。」

讀書時代，L是我的精神支柱，她明明自己也生活在水深火熱裡，但每次安慰我的時候，又像打不倒的戰士。

現在，L離開家了。整整七年，她沒有再回去那個讓她遍體鱗傷的家庭。

她在很遠的城市和一個建築師交往，一個人隻身去了那裡，她說她不想結婚，她願意就這樣談一輩子戀愛。我問她怎麼敢背井離鄉？L說，沒什麼值得留戀的，誰愛我我就跟誰走。

是啊，L不是那個只能被打的小女孩了，她有體面的工作，有愛她的男友，她憑什麼不敢？

L的父親在他五十歲那年提出了離婚，她的母親後來一個人回到了老家。人老了，沒有丈夫陪伴，沒有子女親近，晚年孤苦。

大概是三年前的一個深夜，L突然發了一則訊息給我：「他們離婚了，我勸的。」我問她，你沒感覺嗎？L說：「沒有，有時候深夜會做夢，夢裡還能夢到她打我，我手心的燙傷還沒消呢，跟我一輩子。」

那時我們都是二十四歲的年紀，明明已經獨立自主，離開了原生家庭的環境，在外生活，但我們依舊有一處柔軟和狼狽，很少為外人道。

當天晚上，我們說了一個多小時的電話，直到手機沒電，我們哭著笑，笑著哭。

幸好啊，幸好還可以長大，幸好生活不會一成不變，不會永遠滿是哀愁。

我記得，東野圭吾在《時生》中說過一句話，他說：「誰都想生在好人家，可無法選擇父母。命運發給你什麼樣的牌，你就只能盡量打好它。」

打好自己的牌了嗎？我打好自己的牌了嗎？

不知道。好多事情，不是不在乎了，是算了。

那個總是對她破口大罵、對她使用暴力的母親如今不再意氣風發。

那個從小穿不了一件新衣服的女孩，現如今有了體面的工作，在遠離家鄉的城市，擁有了屬於自己的小天地。

我呢？

而我，也在一步一步，努力朝著更好的人生奮鬥。

大概是因為幼年受盡了薄待吧，所以自始至終，我們都深知唯有自己才能給自己更好的人生。

我們都是屬於那種會在心裡默默做決定的人。去成為什麼樣的人，去成為什麼樣的女孩。

去掌控自己的人生，去把所有幼年時未曾得到的認同和呵護，在成年後靠自己的努力全部找回來。

很辛苦，過程中還會遭受很多的質疑和迷惘，好在一路上汲取了很多能量，好在也認識了太多優秀的前輩，以及獲得了活得漂亮的人的關照。

日子變好了起來。我們看到了光。

那次午後的見面，是我們新生後的第一次見面，我們侃侃而談，笑容滿面，過去相擁而泣的光景還是歷歷在目，但總歸已經釋然。

看到曾經中傷你的親人漸漸老去，行動緩慢，突然會想，算了，時間已給予了他們懲罰。我們能做的最明智的事情，大概就是向前走，一直向前走，不再回頭。

今年二十八歲的我和L，骨子裡還像當年一樣，孤傲、善良，有自己的彆扭。

唯一不同的是，小時候總覺得命運未將她們妥善安置的兩個小女孩，如今已經各自在心裡造了一座堅固的城堡。

我們都被家庭傷得體無完膚，
我們同樣想掙脫原生家庭的桎梏，
但我懦弱逃避只會哭，
而她被打得遍體鱗傷，
還是大喊著要堅強，要走出去。
我始終記得她以前經常在我耳邊說的一句話：
「會長大的，長大就好了。」

輯三

別做一個沒有價值的好人

工作而已，沒有義務表演開心

晚風一吹，我就知道，這已經不是夏天的風了。

收拾完畫材，已經是晚上八點多。

臥室的窗戶開著，窗簾悠悠蕩著，沒有了熟悉的燥熱。

朋友在這時候打來電話，她說自己連續上班兩個月無休，真的有點撐不下去了。

我們煲了大概兩小時的電話粥，毫無意外，對話裡夾雜著怒罵和自嘲，聊著聊著又開始無限傷感，怎麼成年後進入社會，和我們幼時的憧憬大相徑庭？

職場太虛偽了，虛偽到上一秒劍拔弩張，下一秒因為需要幫忙，對方還可以當作無事發生，跟你聊人生聊理想。

職場也太複雜了，複雜到你什麼都不用做，僅僅是表情上沒有「表演」到位，就會被認為情緒不好狀態不對。

我也在職場待過，對此也深有感觸。

那時我正做著第三份工作，老闆很是器重，入職不久便提前轉了正，成為公司內容部門的主編。我信心滿滿，蓄勢待發，但我確實也蠻討人厭的，嚴苛、討厭低效率，所以工作氛圍很壓抑，大家甚至都覺得我是女魔頭。

老闆察覺到了組內的氛圍，在某個晚上和團隊開了一個小會，會議上先是誇了我盡責，而後責備我過於嚴厲，導致團隊氛圍緊繃，沒有了活力。

我照單全收，也想虛心改進，直到總結的時候，老闆用「負面情緒大、不愛笑、脾氣古怪」概括了我的問題，我一下子撐不住，差點哭出聲來。

那天晚上，我所在的城市下起了暴雨。因為沒有帶傘，我從地鐵站一路淋著雨回家，委屈突然奔湧而來。

從小到大，我都不太被人喜歡，因為不愛笑，所以一直背著「脾氣古怪、負能量」的標籤。進入職場後，我很想撕下這個標籤，我以為在工作上勤奮認真，成績出色，就不會有人再拿情緒說嘴，但我沒想到，職場也是一個需要表現的地方。

我承認，我是那種乍一看高冷的人，不愛笑，對於周圍人的快樂，我總是沒有足夠的共振來回應。因為小時候成長環境的影響，我的心裡總是藏事，所以性格絕對算不上樂觀開朗。

我總是……「不上道」。

你們知道什麼是「不上道」嗎？

是對方給了你臺階下，但你頑固地堅持己見，不接受對方的處事方法。是對方想把你拉到他們的隊伍中，但你卻假裝不懂，等著他們意識到你的無趣，自動走開。

你其實很清楚怎樣能討得大家的開心，
但你太「不上道」，拒絕合群，也拒絕「假嗨」，你特立獨行，
有一種難以靠近的疏離感。

我就是這種人，從小到大都是。

也正因為從小就洞悉了人和人之間虛假的那一套，所以成年之後的我，已經對糖衣炮彈深度免疫。

有時心情好，我會陪著演一演戲，笑得開懷；有時候實在沒什麼情緒，臉上總是沒有多餘的表情。那個真實的我，只想工作的時候做好分內的事情，生活的時候顧好自己的一日三餐。

我希望任何人都不要試圖提高我交際的能力，更不要妄圖讓我變成熱愛熱鬧的人。

我沒有不快樂，我只是難快樂。不悲傷對我來説就是快樂。

工作之後有一些同事曾問我：「你為什麼不快樂？你總這樣面無表情的，工作狀態不對啊。」

我不知道該怎麼解釋，沒有快樂的事為什麼要快樂？工作還要表演開心才算合格？說一萬遍我也要說，難快樂不是缺點。難快樂的人憑什麼要因為別人的眼光就假裝快樂？

我沒有義務要為了讓你看起來舒服去表演高興，我就是這麼一個難以融入集體高潮的人。這不是缺點，這是我的自由。

我享受獨處，享受沉默，享受任何波瀾不驚的平淡生活。我就是那種天生愛藏心事的女生，我只在該笑的時候笑。

小時候找尋快樂的方法很多，沒有手機，沒有看人眼色的工作，且不用處理成人社會的各種關係。年幼時小扇輕搖的時光很快樂；放學回家吃到西瓜的時光很快樂；被優秀的男孩子喜歡很快樂；和一群好朋友吃到想吃的美食很快樂……

可現在，我失去這些時光了。

夏天一到就打開冷氣；為我搖扇子的爺爺奶奶也越來越老；西瓜成了最最普通的水果。

而我呢，早就脫離了學校生活，那個向我表白的優秀男孩，在時光裡長大，和我匆匆忙忙談了一場清淺的戀愛，然後牽起了別的女孩的手。

至於美食，我已經有能力購買任何我喜歡的美食了。可我的朋友們散落在別處，令我快樂的人不在我身邊，不管做什麼，我都沒辦法再找到快樂。

我只能展現真實的我了，一個無聊的、枯燥的，同時無比真實的我。

我只是不愛笑而已，不是什麼罪大惡極的事情。

我沒那麼愛笑，但我看到路邊的流浪貓咪，也會停下來投食，看到迷路的小朋友，也會積極幫他找媽媽，我與人為善，也熱愛生活。

鄉下出身的我，靠自己擁抱了更好的人生，這還不能證明我的正能量嗎？

就只是沒那麼愛笑而已，不是負能量、不是脾氣臭，請允許這樣的人存在，好嗎？

我希望任何人都不要試圖提高我交際的能力，
更不要妄圖讓我變成熱愛熱鬧的人。
我沒有不快樂，我只是難快樂。
不悲傷對我來說就是快樂。

停止討好別人，學會取悅自己

你是否也曾用「討好」來建立關係？

你是否也曾因為「討好」陷入過無休止的精神內耗？

在很長的一段時間裡，我都是用「討好」來建立關係的。不知道是不是因為童年缺愛的影響，我對關係的解讀片面且淺薄，我以為討好和迎合會獲得對方的喜愛和重視。

成長的過程中，我害怕別人覺得我不夠好，總是遷就他人，忽略自己的情緒。

起先，這種「討好」出現在家庭關係裡。父親重新組建家庭有了兒子，我害怕被忽略，甚至怕會變成父親眼中的累贅，於是用「成績」和

「懂事」討好他，希望他對我刮目相看；母親那邊儘管沒有再生孩子，但是舅舅家的一對子女和母親的關係更加親密，這也讓我有一種前所未有的緊迫感，於是我再一次選擇討好。

再後來，我在社會裡與人群往來，常用的一套方法還是「討好」，盡可能與人方便，就算委屈自己，也不好意思和別人的意見相悖。

很長的一段時間裡，我發現自己再一次沒有姓名了，從家庭到自己的個人社交圈，我的存在感一度很低，為此我陷入嚴重的精神內耗。

為什麼我做了那麼多，他們卻並沒有真正接受我？

為什麼，我越來越不快樂？

父母對我的態度並沒有變好，我也沒有真正變得快樂，反而會時不時生出一種疲憊感，好像做了很多，又好像什麼也沒得到。

常常，我用第三視角靜靜看著自己的討好行為，在沒人的時候自省自查，自言自語，有時還會自嘲：你看你，討好成這樣，還是沒有得到愛。

這種自我的糾結伴隨我很多年，就像是沒辦法解開的心結，我始終不懂得該如何建立良性的人際關係。

直到我母親查出患乳腺腫瘤的那一年，我也同時被查出乳腺結節三級和甲狀腺結節三級，並且精神狀態也出現嚴重的問題，彼時的我無暇顧及人際關係，宅在出租屋裡瘋狂寫作。除了上班哪裡也不去，在那段踽踽獨行的日子裡，我捨棄了某些不必要的人際關係，也看清了人生中的很多真相。

作家陳平說：「我們不肯探索自己本身的價值，我們過分看重他人在自己生命裡的參與。於是孤獨不再美好，失去了他人，我們惶恐不安。」

我是強烈建議一些有討好型人格的朋友去培養獨處習慣的，當我們享受獨處，讓自己真正有事做，有值得專注的領域，我們會在自己身上找到價值。

那種價值是長久的，不是討好別人換來的笑臉，也不是遷就別人以獲取一種表面的合群。

這是我個人的親身經驗，有效、可持續。從前我看過太多遠離討好型人格的方式，我也嘗試了很多，但是常常失敗而歸。

直到我真的獨處，直到我經歷了目前人生的最低谷，我開始反思，討好的交際方式到底帶給我什麼？

真實的朋友？真摯的情誼？還是不可替代的位置？都沒有。

真正讓我找到存在感、認同感的，不是迎合，更不是無底線的討好，而是我的能力，是我的真實，是我的價值。

寫稿多年的經驗讓我和很多合作的同伴有了信任基礎，不少工作上認識的朋友也會私下給我介紹一些文案項目，我們互相幫助，惺惺相惜，彼此資源互通，讓彼此的圈子和人脈更大更廣，合作共贏。

一個人最大的悲哀，是成為沒有價值的好人，而且從長遠看，沒有價值的好人其實算不上好人，因為現實一點講，能為周圍的人帶來價值和正能量，才是真正的「好人」。

當你用討好來展現自己的好，就意味著對自我的閹割，這樣的人存在的價值如曇花一現，隨時都有被丟棄的危險。這樣的人不僅無法持續帶給自己正向的回饋，反而會陷入自我否定、自我懷疑，到時候別說別人不會喜歡你，就連自己都會感到厭煩。

很喜歡《好的孤獨》裡的一段話：「我們大可以活成我們自己，活得更本色一點，更真實一些，反正還是會有人喜歡你，有人不喜歡你，但至少你會更喜歡你自己。」

人活一輩子，自己是自己最久的夥伴，自己是自己最大的靠山，與其戴上面具像小丑般討好別人，不如保持本真，盡可能取悅自己。如此，人生才有質感。

這是我花了十多年才領悟的智慧，共勉。

當你用討好來展現自己的好，
就意味著對自我的閹割，
這樣的人存在的價值如曇花一現，
隨時都有被丟棄的危險。
這樣的人不僅無法持續帶給自己正向的回饋，
反而會陷入自我否定、自我懷疑，
到時候別說別人不會喜歡你，
就連自己都會感到厭煩。

好的友誼，不需要苦心經營

網路上有這樣一個話題：「因為什麼原因刪掉最好的朋友？」

點進去一看，都是分享者為網友準備的維持友情的方法。

比如堅持ＡＡ制。

再要好的兩個人，一旦在花銷上失衡，情感就有可能破裂，經濟上的公平會讓友誼更牢靠。

比如不要過問對方的感情問題。

勸分勸和都是不應該的，感情的成敗該由當事人自己承擔，不要攪和進去，否則可能會為友誼埋下隱患。

比如觀念要在同一層次。

觀念不同，對彼此的言行就多有不滿和抵觸，容易產生分歧，導致關係失衡。

再比如借錢。

朋友之間借了錢，往往也是對感情的一種考驗。如果不想友誼淪落成債務關係，那最好不要和朋友借錢。當然，如果真的借了錢，白紙黑字，別說什麼交情在這不用欠條。劃清錢財關係，友誼才能保持純粹。

最後就是保持聯絡了。

不管再怎麼深厚的友情，適度聯絡方可以讓友情得以維繫。不想讓感情變淡，還是要多多聯絡。

以上這些方法看起來倒是有理有據的，如果有心人牢牢套用方法，兩個人絕對不會走到互刪好友的境地。但我回顧自己這些年交友的心得，發現以上這些，根本不是我維持友情的方法。

我交朋友，從不苦心經營。

我最好的朋友叫寧，我們相識於小學四年級，也就是我轉學到城市裡的那個夏天。

那個夏天，我站在講臺上做自我介紹，因為話說得不標準被同學們無情嘲笑，我黝黑的皮膚，短得離譜的頭髮，讓他們像看小丑一樣看著我，我的自尊心被反覆打擊。

寧是第一個主動過來跟我說話的女生，聲音清清朗朗，看著我的時候眼神和善，完全沒有別人所謂的那種「優越感」。

我們在那天握手，從此成為朋友。

在我努力適應城裡生活的那段日子裡，寧是第一個願意理解我的人，她懂我的脆弱，也知曉我的敏感。無數次因為原生家庭鬱鬱寡歡時，寧是我唯一的樹洞。

從四年級直到國中，我們都在同一所學校。

國中畢業，我和寧迎來了友誼的第一次考驗，寧考上隔壁城市的好高中，她的母親帶著她去那裡讀書，而我成績一般，在附近的高中讀美術班。

從高中開始，我和寧很有默契地減少了閒聊，兩個人專注各自的學業，我在美術班，繪畫訓練的時候基本上忙得昏天黑地，而寧在升學班每天在題海裡戰鬥，升級打怪往前衝刺。

高二備戰升學考試時，我因為一場車禍住進了醫院，進行了手術。在隔壁城市讀書的寧，儘管學業壓力沉重，還是連夜回來陪伴了我三天。這三天裡，她無微不至地照顧我，倒水、買飯、幫我洗頭……不是親姐妹，勝似親姐妹。

大學更是不必說了，她考去了遙遠的大城市，後來讀研究所又去白俄羅斯做交換生一年，我們熬過了八年的遠距離友誼，用個不怎麼恰當的比喻，就跟在異地工作的老夫老妻似的，沒有天雷勾地火，也沒什麼轟轟烈烈，我們都在忙自己的事，但只要對方有任何需要，都會毫不猶豫地成為對方的依靠。

最好的友誼，是各自忙碌卻彼此惦念，是漠視空間和距離，依舊在心靈上相依。

這就是我認為的最好的友誼，我確信我值得並且也正在被對方珍惜。

很不喜歡所謂的朋友，在好久不聯絡之後，突然活過來想要聊一聊，或者在有求於人的時候這樣說話：「你先別忙嘛，你為什麼不理我？」

這種話，其實有情緒勒索的嫌疑。語氣和言辭都不是真正的朋友之間該有的狀態，甚至我覺得，兩個人如果真的是好朋友，就不會產生「對方是故意不理睬我」的想法。

我從來不維繫友誼，不是我不為這份友誼付出心血。

而是說，我和對方的關係之所以能夠稱作「最好的朋友」，那麼我們之間的某些言行、習慣、三觀、狀態甚至是對友誼的態度，應該都是大同小異的，我們不需要惶恐擔憂日後的漸行漸遠，我們根本不會有這種不自信的念頭。

我瞭解對方，亦如對方瞭解我一樣。從經濟條件到消費觀念，從價值觀到人格品性，我們相互理解，也相互認同。

仔細想想，刻意維繫的一段感情更像是某種無形的交易，為了兩個人未來有所交集努力作出一些回饋，以此證明這段關係的親密。

從某種狹隘的角度上看，更像是為了從對方身上獲取些什麼，所以才維繫著。那樣的友誼大多經不起推敲，並且容易在歲月裡被消耗，這樣的友誼總有一天會消失於無形。

時光滾滾向前，奔騰不息。人生這趟旅程，本就是一個不斷告別的過程。

我們無法阻止一個人從我們的生活中淡去，
漸行漸遠更是成年人的必修課題。
你我及時告別，好好說再見，就沒有遺憾可言。

要知道，人生就是來來往往，有人留下有人走開，這個過程幫助你留下了更值得信賴、更值得珍惜的人，留下的是人生中的貴客，而走開的，即是過客。

離別是感傷的，但共同經歷的某段時光，意義非凡。所謂「過客」，也曾陪你走過一段路，雖短暫，但也有真實的陪伴。

我們應該接受友誼的消逝，也應該坦然接受那些在我們的生命中駐足一會便作揖告別的人，要說聲「謝謝」，謝謝陪伴，謝謝對方來過。

至於那些留下來的，根深蒂固的，無論如何都不會走開也沒有走開的朋友，請拿命珍惜。

最好的友誼，是各自忙碌卻彼此惦念，

是漠視空間和距離，依舊在心靈上相依。

這就是我認為的最好的友誼，

我確信我值得並且也正在被對方珍惜。

靠自己生活，才是人生常態

十八歲的時候，我還期待喜歡的人能夠當我的人生靠山。

對方能忍受我的脾氣，寬容我的古怪，他的肩膀和胸膛，都能讓我依靠。

幾年後，我還是那個我，但我對感情已經不那麼計較和天真。

我的希冀一直沒有變過，但自始至終，我發現這個世界上沒有一個人能終其一生和顏悅色地接納另一個人。擁有一個有靠山的人生，更是天方夜譚，痴人說夢。

大學的時候，有一個男生跟我表明心意，但我總覺得缺了點什麼，還想再等等。

直到有一天，我腸胃炎發作，一個人在浴室上吐下瀉，我打電話給那個男孩，希望他能來帶我去醫院。我一直等，等到下午一點多，他解釋說前一天打遊戲太晚了，還沒有起床，要我自己搭計程車先去醫院。

從那個時候，我意識到這個男孩子原來一直只是嘴巴上表達著對我的喜歡，我突然知道了我一直遲疑，沒辦法接受男孩的原因。

不管他身高如何，長相如何，多會花言巧語，這份感情都不值得開始。囑咐我多喝熱水的男孩給不了我安全感，噓寒問暖和貼心的情話都太虛無，我要的是實實在在的關心和守護。

那是一個早春，乍暖還寒，我忍著痛坐上計程車，車窗外是凜冽的風，我開窗清醒了好一會，最後因為無意摸到了口袋裡的四張鈔票，這才換來一陣心安。

曾經看過一句話：「一個人能做到不依賴任何人，那麼，他才算是真正長大了。」

或許我一開始就錯了，親人做不到的，愛情中的人可能更難。我不應該對感情有不切實際的期待，或者說不應該指望別人將自己從火坑裡救出來。

靠自己生活，才是人生常態。

如果說那場腸胃炎讓我看清了「愛情的不可靠」及「積蓄的重要」，那麼寫作則讓我對未來的人生更有信心。

我人生中的第一筆稿費，我記得非常清楚，來自大一的時候，給雜誌寫的小說。三千字左右的純情校園故事，稿費兩千零五十元。稿費匯款到帳戶裡的當天下午，我用這筆錢買了一支喜歡很久但是沒有下單的口紅給自己。

那種感覺怎麼說呢？依靠自己的努力付出得到了回報，喜悅是溢於言表的，說得誇張一些，那不多的稿費，好像讓我面對未來的勇氣也多了一點。

人都是這樣的吧，觸摸到最真切的、實實在在令自己欣喜的東西，內心才會有無可取代的踏實和坦然。

那支口紅像是星星之火一樣，小小的喜悅讓我看清楚了，什麼東西不值得我浪費心力，什麼東西是我付出努力就一定會有回報的。

我對那個男孩子是有一點好感的，但僅僅是好感。不夠我鬼迷心竅，不夠我渾渾噩噩，更不夠我不能自拔。

我從小就在一個離異家庭長大，安全感不足，敏感又理智。

當我知道對方沉迷網路遊戲，對方在我需要幫助的時候沒有做點什麼，我就不會再去期待。幼年時期的辛苦已經足夠我成年後拿來惴惴不安了，我不願意為一個不確定的人浪費時間，也不會像有些女孩那樣，為喜歡的男生苦練遊戲技術當他的搭檔。

自此以後，我不想著談戀愛了，只想踏踏實實寫作。

看著銀行帳戶越來越多的存款金額，我終於找到了一點「生活會變好」的踏實感。每多寫一篇稿子，我可能就負擔得起自己想買的一樣物品，甚至寫得更多，會有更多意想不到的收穫。

我相信我可以靠自己的努力過得更好一點，哪怕是一點點，我也願意竭盡全力。

人和人的追求是不一樣的，誰也別說誰高尚，誰也別說誰俗氣。承認金錢很重要其實一點也不丟臉。我敢談錢，是因為有能力賺錢，我清楚地知道金錢對我意味著什麼。

這和拜金主義不同，我只是對自己有了清晰的認知，明白自己想要的是什麼，理性地為自己的人生負責。

中島美嘉說：「在最黑暗的那段人生，是我把自己拉出深淵。沒有那個人，我就做那個人。」

人生中淋過太多絕望的大雨了，每一次的低谷都是我自己咬牙走了出來。
我早就放下了對他人的期待，所以不再落空，也不會無端生出埋怨和不滿。
或許我們每個人，都將經歷這樣的過程，
這樣一遍遍期待落空，最終將籌碼放在自身的過程。

只不過有些人早一點清醒，有些人要經過一次次打擊才能認清現實。

朋友，人生漫漫，道阻且長，陪伴你最久的人，只會是你自己。

不要把希望寄託在別人身上，只有靠自己擁有想要的生活，你的靈魂才是安寧的，從不慌亂。

不管他身高如何，長相如何，
多會花言巧語，這份感情都不值得開始。
囑咐我多喝熱水的男孩給不了我安全感，
噓寒問暖和貼心的情話都太虛無，
我要的是實實在在的關心和守護。

我不是自律，我是太有求生欲

最近看到一句話：「自律就是在『你現在想要的東西』和『你最想要的東西』之間做選擇。」

深以為然。人生諸多追索，魚和熊掌難以兼得。

躺下來滑手機很舒服，睡到日上三竿也很是愜意，但人生苦短，年輕時把日子都揮霍在享樂上，不自律、不進取，所謂更好的人生，當然會和你失之交臂。

從事自由業以來，不少朋友為我的自律感到驚訝，他們似乎很難理解，不需要打卡上班、不需要擠地鐵的自由工作者，竟然可以做到早睡早起，以及每天超過八個小時投入工作。

有一天晚上，前同事傳訊息給我向我取經，請我分享一下自律心得，我在聊天框裡反反覆覆敲字，但是最終，還是心虛地刪除了。

最終，我只發了一句：「我不是自律，我是太有求生欲。」

對我而言，自律其實是一個太過於標籤化的東西，我早幾年熬夜寫稿，早起寫稿，就連在火車上都會打開電腦整理資料，事情彷彿做不完。

那時候，腦袋裡完全沒有自律的概念，就只是知道，早晨少睡兩個小時，晚上再回家加加班，我就能寫一篇文章，就能有五千塊以上的稿費進賬。

在地鐵裡讀書也是，因為是靠寫作輸出文字維生，我清楚自己如果做不到不斷輸入，總有一天也會江郎才盡。

因此才有了抓緊一切時間寫稿和閱讀的自律行為。

當然，如今的我，回頭看看過去拚命努力的自己，也會覺得有點瘋狂了，經常熬夜，有時候甚至連吃飯也都是胡亂應付一口，這種狀態長久下來，對身體並不友好。

這裡面或許有自律，但我對美好生活的野心，讓我變成了一個行動力超強的人，不拖延、不偷懶，專注自我提升。也正因如此，我在別人眼中「自律」了起來。

有時候，我看到路上疾馳的快遞員，看到麥當勞裡打工的大學生，我都會思考：我和他們不一樣嗎？如果我也算自律的話，他們為什麼不算？

現如今，社交網路上，將早起、讀書、寫作、運動、健康飲食作為自律的具體形式，而我恰巧占了一部分，於是我理所當然被大家認為是自律的，並且擁有驚人的自控能力。

但其實，我和他們之間，沒有本質的不同。

他們為生活在外奔波，我為生活在書房忙碌；他們為生活早起晚睡，我也是為生活養成早起的習慣，我們都在為更好的生活全力以赴。倘若我也算自律，那麼認真生活的每一個人，大概都是自律的能手。

近幾年，我明顯感覺到，自律這件事被網路帶偏了，更有人製造「自律焦慮」，從中獲得巨大的利益。

不少人追求形式，逼著自己早起、讀書、健身、制訂計畫，

不根據自身的實際情況，照搬別人的那一套方法，儼然變成了自律的奴隸。

曾經在網上看到過一個網紅的嚴格詳細的自律計畫表，密密麻麻的時間安排，每件事都精確到分秒，看起來無懈可擊，卻經不起細細推敲，漏洞百出。

「自律」這兩個字，原本出自《左傳．哀公十六年》：「旻天不弔，不憖遺一老。俾屏余一人以在位，煢煢余在疚。嗚呼哀哉！尼父，無自律。」

這裡的自律，是指在沒有人監督的情況下，透過自己要求自己，變被動為主動，自覺地遵循法度，拿它來約束自己的一言一行。

高效率的自律應該是主動的，發自內心的，它往往帶著目標感和功利性。每一次的自律，都是你權衡後自主的選擇。

而一個人能夠主動選擇一件事，動力就尤為重要，有了這個動力，自律才是有效的，才能有效果。世俗一點講，當每天喚醒你的不是鬧鐘，而是夢想，我想你也會是一個自律的人，甚至會比那些五點起床的網紅更自律。

值得注意的是，自律型網紅的工作就是表現出自律，健身型網紅表現出自律也是其工作的必要表現，我們不必因為做不到像他們那樣自律而感到焦慮。那是他們的工作，就像你們也有你們的工作一樣，沒有什麼好比較的。

我不太喜歡把自律和結果放在一起，也不太喜歡將自己的努力歸結於自律。我在很多人看不見的地方默默努力，用心紮根，拋棄暫時的享樂，執著於個人的提升，是因為我太想擁有和別人不一樣的人生。

我不是選擇了自律，而是選擇了更有意義、更能讓我看到價值的生存方式。

我們不該執著於自律，不應該執著於任何形式的東西，而是應該專注自身，沉默、踏實地去做，看時間到底怎麼說。

自律就是在
「你現在想要的東西」和「你最想要的東西」
之間做選擇。

我們的人生，要靠自己成全

很多年了，在龐大而又冷漠的城市裡，我一直對長途巴士有種莫名的眷戀。

車廂裡總是憋悶，座椅的皮是劣質的，一靠近就有刺鼻氣味，有時我會在途中暈車，強忍著嘔吐感；有時比較幸運，我在途中昏睡過去，一醒來，車已經下了高速。

偏偏是這樣難熬的長途乘車經歷，卻讓我對承載我的巴士有種不一樣的情愫。

那是與我成長有緊密聯繫的交通工具，那是在隔代教養家庭中長大的我，一年裡少有的喜悅和興奮。因為，終於可以見到好久未見的父母了。

很小的時候對「隔代教養」沒有

概念，一直到十五六歲，家長會上，我的父母沒有過來，老師說：「我們班裡爺爺奶奶帶大的孩子很多，但是父母出去工作也別忘了關心孩子。在街頭抽菸、凌晨不回家的，你們看，那很多都是隔代教養家庭中的孩子。」

嗯，那時候我開始瞭解——隔代教養家庭。

我知道我就是出自隔代教養家庭，那些抽菸喝酒打架、在網咖打遊戲不回家的，大多數也是隔代教養家庭裡的孩子。不知道怎麼跟你們形容那種感覺，像是被下了定義，像是已經歸於某種命定的軌道，像是已經沒有向命運還手的餘力。

那天家長會回來的路上，爺爺只跟我說了一句話：「不蒸饅頭爭口氣。」

這句話貫穿了我的學生時代。只有小學學歷的爺爺，不會高談闊論，不會所謂的更好的啟蒙教育。只有這句話，只有這句「不蒸饅頭爭口氣」，他說了一遍又一遍，讓我埋頭向前衝到了現在。

在這個陽光很好的早晨，我在自己買的房子裡，寫下這些文字，憶苦思甜，有點酸澀和動容。

我在幼年時就經歷過無數次陌生城市的輾轉，逢年過節會被一輛長途巴士送到父母那裡生活一段時間。

當時，每次朋友們打來電話問我的近況，我都會因為個別的措辭感到一種微妙的情緒，我後知後覺地發現，在和他們交談的時候，我用詞是這樣謹慎，謹慎到心酸的地步。

我不能將我待的地方稱之為「我家」，只能說「我爸家」、「我媽家」。我告訴朋友們我媽對我很好，我媽家如何如何，阿姨對我不錯，在我爸家住著還算習慣。

在我的內心，感覺自己沒有歸屬感，是外來的客人，是短暫停留的過客。

我依稀記得有一年暑假，父親把我接到他的三口之家小住了一段時間。一個送水來的送貨員看到客廳多了一個人，問我阿姨是不是親戚家的小孩來這裡過暑假。

阿姨笑著回答：「是啊，小孩子暑假過來玩。」

當時電視機裡放著弟弟愛看的「湯姆與傑利」，貓咪正離家出走，牠覺得主人已經喜新厭舊不再寵愛牠，我心裡卻覺得，我連那隻寵物貓都不如。

怎麼會是親戚呢？我怎麼會是親戚？

這件小事被我銘記了很久，是一條不為外人道的深深的傷口。很多年後，我和父親發生一次激烈的爭吵，我把這件事告訴他，他第一句話是：「你阿姨無意的，你怎麼記到現在？」

其實，也許是她隨意應和，無意傷害我。只是很多年了，這些無意的傷害累積著，在我舊的傷口上一次次添新傷，他竟然從沒想過，他的女兒因此咀嚼過多少委屈和難過。

我太心寒了，心寒到，已經不願意再跟他多說話。

在城市輾轉的那些年，我每一次坐上長途巴士，都會對那一次抵達有美好的期待，只是結果總是失落，以至於成年後，步入社會後，我對城市沒有眷戀，矗立的高樓、櫥窗裡精緻的商品，都不能讓我心生嚮往。我在想，城市沒什麼好的，城市裡都是拘束和冷漠，如果可以，我只想盡早地逃離。

我今年二十八歲了，畢業後工作了幾年，累積了一些工作經驗，也經營了自己的自媒體平臺，終於回到了鄉下。文字給了我一個逃跑隧道，讓我遠離喧囂遠離格子間，也依舊擁有了體面的生活。我陪在爺爺奶奶的身邊，每天有事可做、有書可讀，心態上已經比往年更平靜從容。

過去的怨懟，過去對父親的不理解，如今也在慢慢釋然。

如果可以的話，我相信父親不會把我丟在老家，如果經濟寬裕，父親也不會厚此薄彼，把關注都放在弟弟身上。

我相信，我告訴自己要去相信。

父母與子女之間的緣分，從來不是非黑即白的，貧窮的家庭裡，有時身為父母必須做出一些取捨，我願意相信父親當時確有難處，我能理解，只是仍舊覺得委屈。

我一直忘不了某個深夜，喝醉的父親坐在我床頭哭泣的場景。我假裝睡得沉，轉過身把頭埋進被子裡，而他在床頭掩面啜泣，哭得像個孩子。

那一年他四十歲，兒子已經咿呀學語，我上著高中面臨選科。

原本答應讓我進英文班，送我出國的他，最後關頭反悔，沒有參加那天的家長面談。我明白他有多難過，也能理解他的兩難，父親當然是偏心的，但這種偏心是無奈的，貧窮賜予的無奈。

他可以給我和弟弟選擇的生活只有一種，那就是我被爺爺奶奶照顧，弟弟由他和阿姨照顧，減輕了負擔，也避免了我和阿姨可能引起的矛盾，所有人都被妥貼安置。

這些年，我讀了更多書，每天都提筆寫作，我在觀察世界的同時，也更加冷靜地看待自己，看待自己的家庭，看待隔代教養家庭這個社會群體。

窮人家庭裡的父母忙於賺錢養家，每天疲於奔命，沒有很多時間參與孩子的成長，有的甚至背井離鄉外出打工，把孩子留在了家鄉。這些孩子或多或少性格上會有些缺陷，心理上極度敏感、缺乏安全感，又或者像我一樣對父母有過怨言，無法和原生家庭和解。

但就像網路上流傳的那句話一樣：「我抱起磚頭就沒法抱你，放下磚頭就沒法養你。」我們也要理解父母的不易。

出生的家庭環境不好或許真的容易讓人墮落，只是人生也總有一些機遇，並非一成不變。原生家庭不是一個人走向墮落的理由，我們的人生最終要靠自己成全。

父母與子女之間的緣分，
從來不是非黑即白的，
貧窮的家庭裡，有時身為父母必須做出一些取捨，
我願意相信父親當時確有難處，
我能理解，只是仍舊覺得委屈。

爛在過去太蠢，人應該屈從於現實的溫暖

那一年，村裡的小學還沒有被拆，紅瓦白牆，因為常年沒有修繕，破舊的樣子已經難以掩蓋。

學期末，爺爺騎著古董腳踏車接我回家，他說，你爸今天打電話來了，過年要帶人回家，八成以後要做你新媽媽。

北風呼嘯的一天，鵝毛大雪下個不停，不過是走了兩里多的石子路，放眼望整個村落，已經鋪滿了銀白。車子在上坡時打滑，爺爺怕我摔著，把我抱下車，我們爺孫倆並排走。

爺爺問我怎麼突然不說話了，我囁嚅著，不知道要如何作答。

周圍的孩子們都在打雪仗，雪花飄落，笑聲盈盈。一直看不慣我的高

年級女生從我身邊路過，她大聲唱著「有媽的孩子像個寶」，歌聲悠揚，在一片寂寥的土地上迴盪。

我垂著頭，爺爺並沒有注意到我的失落，他說今年的香腸要多灌一點，肉也要多醃一點，你爸回來應該要帶一些進城。

爺爺的嘴角帶著笑，離婚多年的兒子終於再娶，堵上了悠悠眾口，也算是美事一樁。他問我有新媽媽了高不高興，我擠出一抹假笑：「爸爸高興，我就高興。」

距離過年的那段時間，爺爺在忙著打零工賺錢，奶奶忙著醃製一些豬腳和臘肉，他們想得很簡單，兒子再婚帶著個女兒，人家對方還是第一次結婚，進門了一定要好好招待。

那個春節被所有人期待，但，不包括我。

自從我知道有新媽媽進門，一種名曰「恐懼」的心緒吞噬著我，每每到午夜，我總是睡不著，我問奶奶，後母是不是真的像人家說的那樣壞。

奶奶說：「不怕，你跟奶奶過，沒人虧待你。」

現在想想，我的想像力似乎是從那一年開始突飛猛進的，那時恰好一部叫《天國的階梯》的韓國電視劇在熱播，劇中的後母偽善至極，在丈夫面前假裝和善，在繼女面前原形畢露，甚至讓自己的女兒搶走了原本屬於繼女的人生。

就這樣，我的童年開始充斥不安。

巴掌大的村子，有什麼婚喪嫁娶的新聞，總是以光速傳播，鄰家的老太太過來串門，聊天時總愛逗我。她說後母的心黃連的根，要是以後你後母再生個弟弟，女孩子就更是爹不疼娘不愛。

我躲在奶奶身後，眼淚啪嗒啪嗒掉個不停，我怕死了，真的怕死了，我總覺得以後爸爸都不是我的了。奶奶握著我的手，把我拉進懷裡抱得緊實，我第一次聽到她張口罵人，聲音好大，還有些顫抖，和在街上對罵的潑婦無異。

老太太尷尬的走了，從此她和我奶奶見面不識，再也沒有登過門。

父親和阿姨只在老家待了短短幾天，而後就回到城市裡生活，他們走的前一晚，和爺爺奶奶關上門聊了好久。

我只記得奶奶哭了，爺爺的臉色不太好看，父親對我滿眼愧疚。那天晚上，父親的朋友開車來接他們，父親和阿姨連夜坐上車趕回去。

我追著車子跑了很久，直到車尾燈都看不見，我終於停下腳步。就是在那樣一個天寒地凍的晚上，我真真切切意識到，一直以來想要被父親接到城裡的願望破滅了，在他新的人生規劃裡，我被排在了後頭。

說實話，很長一段時間裡，我對父親感情的轉移感到憤怒，並且固執地將這份轉移歸咎於阿姨。

從結果上來看，是阿姨的到來，使得父親對我越來越冷漠，是阿姨的到來，使得我的存在感越來越低。只是很久之後，當我看到和我相似的家庭，看到他們的父親母親做出的選擇，我才知道，就算是離異家庭的孩子，有些也是在滿滿的愛意裡成長的，甚至有些父母害怕離婚對孩子造成無法彌補的傷害，離婚後對孩子給予了加倍的關心。

對我本就沒有母職的阿姨，不該成為我情緒反撲的對象，是父親，父親本身的失職，是他做得太少了，他把我一個人丟在老家，他不曾對我說過抱歉，他缺席我的整個童年，這才讓我變成了一個彆扭、缺愛、古怪的孩子。

曾經看到一句話：「一個真正成熟的人，不會一味指責父母早年對自己的傷害，而會把他們放回各自的原生家庭中去理解，並與自己內在的執念和解。」

這就是我這些年裡一直在做的功課，努力去理解，努力去和解。

我在年歲增長的同時，讀了更多書，也有了對這個世界，對現實生活更多的理解和感悟，我經歷過社會的捶打，體會到成年人的不易，對於父親的埋怨近兩年也漸漸稀釋了。

這是一個探索自我的過程，也是一個完善自我的過程。這個過程可能對別人而言是隱匿的，根本無法察覺，就算是身邊最親近的爺爺奶奶或許也察覺不到。

但我要說，我已經在悄無聲息中完成了一次又一次痛苦的重生。

我記得，幾年前我曾被一個網友提問過，她說自己的母親死後多年，小阿姨離婚了，單身多年的父親娶了離婚的小阿姨，一時間不知道如何面對。

我當時，用我自己的親身經歷舉例，回答了對方。我告訴那個女孩，爸爸和誰結婚不重要，對方是誰也不重要。只要沒有對她的母親造成背叛，沒有讓自己的生活變得糟糕，就要學著接受。

聰明的人都懂得屈從於現實的溫暖，與其困頓著不肯面對，扭曲地對抗，不如看看現實中到底失去了什麼，得到了什麼。

我問她：

你現在的家庭，幸福嗎？

沒有媽媽做飯，小阿姨會做早餐給你吃嗎？

沒有媽媽叮嚀天氣冷要穿外套，有小阿姨叮嚀不好嗎？

小阿姨帶著孩子離婚了，生活不順意，現在和你的爸爸在一起了，她幸福嗎？你的媽媽在天堂裡希望看到小阿姨無依無靠嗎？

你的爸爸就算再愛你，等他老了，你能保證陪在他身邊嗎？

老伴老伴，老來伴。

如果此刻感到幸福，如果這樣的結合，是迎接新生活、獲得新幸福的方法，為什麼不去試著接受呢？

父親有了知冷知熱的人不好嗎？

弟弟的降臨沒有讓你感到幸福嗎？

阿姨沒有關心過你嗎？

字字句句，是反問女孩，也是在反問自己。

回覆網友的那個晚上，我也對自己的家庭進行了解讀和剖析，我回憶了過去阿姨對我的點滴關心，有時候也會覺得心裡彷彿有了暖意。

這麼多年了，我們不是母女，但也成了親人，我不能說服自己再熟視無睹。所以啊，我已經不打算再編織自己還可以擁有完整家庭的美夢了，我在兩年前，把最初腐爛發臭甚至流膿的傷口，給剜掉了。

接受、尊重、和平相處、心懷感激，四個詞，簡簡單單，卻用了我整個青春買單，很慢，但已經讓我心生欣然。

聰明的人都懂得屈從於現實的溫暖，
與其困頓著不肯面對，扭曲地對抗，
不如看看現實中到底失去了什麼，得到了什麼。

輯四

生命中最滾燙的一章

一路艱辛，也甘之如飴

去年夏天，我需要去外地處理一些事情，走之前去了銀行，把下個月的生活費給了爺爺奶奶。

回到老家後，我就沒再讓爺爺去打辛苦的短工了。他三年前因為跟著別人出去打工，右腳被過路的汽車撞過，恢復期漫長，常年腫痛，再加上年紀大了，根本不適合再外出打工。

我承諾每月給他們八千元的基本生活費，而因為這兩個月是收割季，多了些機器收割的費用，所以這次領了一萬元一併給了。

去銀行的路上烈日當頭，重新規劃建設的郊區馬路比主城區的還寬闊了很多，小城鎮的每一寸土地都在刷新，而我好像還躲在舊事裡頭。

好多年前，我囊中羞澀。

兩三個銀行帳戶裡的餘額都湊不夠五百，也是差不多的節氣，夏風習習，爺爺從水果攤上買了半個西瓜回家，但自始至終卻捨不得吃上一口。

他一生節儉，盡可能為我籌謀，讀幼稚園的時候想著讀小學，讀小學的時候想著讀高中，讀高中的時候，又想著為我大學存一台電腦和一學期的生活費。

一件破布衫，他能穿好幾個年頭，不縫不補，受過同村的老人多次調侃，他也只是一笑而過。他把所有的金錢、時間、精力、耐心都傾注在我身上，他期盼我走出溝峁峁，告別腳下貧瘠的土地。

多年以後，命運給了我意想不到的饋贈，我和貧乏對抗，和精神對抗，和世俗對抗，在一片譏諷中殺出了重圍。

十來歲就開始握緊的拳頭，終於能在揚眉吐氣後舒展開來。

我想極盡可能給他們最好的，
也總是在給予的時候，才能感到成長的慰藉。

這些年，從庸俗破敗到破局綻放，中間多的是眼淚和不甘。身為不受寵的女兒，二十多年裡和原生家庭造就的心魔周旋，身後沒有退路，只能在被棄置後拚命武裝著，試圖為自己找到一條光明的出路。

現在想想，我和爺爺的命運，似乎是隔了父親這一輩遙相呼應著。

爺爺一歲時失去父親，後來跟著母親改嫁搬遷，六七歲就成為補貼家裡的勞動力，就算勒緊褲腰帶，也要先照顧好同母異父的弟弟妹妹們。

他在一個異姓家庭裡長大，受盡冷待，依舊堅韌、勇敢，在困境中拉拔了弟弟妹妹們、子女，又在子女長大後，拉拔子女的子女。

而我呢，同樣在重組家庭中長大，比他幸運了很多，卻比不上他十分之一的自強和不屈。

我性格裡多憂思，常年被情緒問題困擾，心理失衡，導致我常常覺得彆扭，性格古怪，還有憂鬱症。

二十多年裡，一直在苦苦找尋存在感、被需要感、安全感，極盡所能發光，只為了讓那些小看我的人被自己打臉。

說不辛苦是假的，無比辛苦，惴惴不安，害怕好不容易得到的矚目終有一天還是會失去。

清醒地痛苦著，明知道是內耗，還是無法短時間內克服。

前幾天看席慕蓉的散文《獨白》，有一句話觸痛了我：「在一回首間，才忽然發現，原來，我一生的種種努力，不過只為了周遭的人對我滿意而已。」

為了博得他人的稱許與微笑，我戰戰兢兢地將自己套入所有的模式、所有的桎梏。

最近這兩年，我可以說是變態地努力，每每深夜伏筆，打開幼時的每一幀回憶，都是自卑和苦悶。因此更加不敢放鬆，總覺得自己做得還不夠多。

但仔細想想，我何嘗不是為了讓別人滿意才走到現在。在旁人看來我的確是勵志典範，但自己卻難掩心酸。

無論我今天的收入達到多少，物質生活如何優渥，心底始終有一個看不見的黑洞，填不滿，偶爾還會在情緒崩潰時跌落其中，黑暗中被一根繩索緊緊勒住脖頸。

不過沒關係，我還是要說沒關係。我在自癒了，一直在。人生沒有十全，九美都是恩賜。既財源廣進又有完全健康的身心，這樣的人本身就少之又少，身心狀況是流動的，它有在變好，我能感覺得到。

人和人生下來就不一樣。有些人出生，被鼓勵追求什麼，去做自己；有些人出生，一輩子都在擺脫什麼，渴望逃出生活的最底層。

而我顯然是後者，精神上的困頓和經濟上的窘迫，要求我首先要從狹隘的認知和世俗的偏見裡走出，我必須擺脫窮教育、窮思維、窮認知的局限性，在此前提下，才可能去爭取更有質感的人生。

路遙在書中寫：「命運總是不如人願。但往往是在無數的痛苦中，在重重的矛盾和艱辛中，才使人成熟起來。」

我不感謝命運給予的苦痛，只是想要微微作揖，跟過去沒有在困苦中自暴自棄的爺爺和我自己，鄭重說一聲感謝。

如果，我說的是如果。

如果我沒有得到爺爺奶奶全部的愛和支援，如果不是爺爺當我很好的榜樣，如果他從小就覺得女子讀書沒有意義，如果他只是把我當作以後要潑出去的那盆水，我的命運又當如何？

鄉下有多少女孩在花季輟學，被家裡要求打工補貼家用？又有多少女孩在黃金年齡嫁人，帶著不甘成為母親和全職主婦？

我不敢細想。儘管二十多年裡我都咀嚼著傷痛，但時不時也會感激上天沒有關掉我所有的窗。

網友刁雲逸曾說過這樣一句話：「這個世界多麼的平凡，其間沒有無所畏懼的勇士，也沒有力挽狂瀾的英雄，更沒誰做出過驚天動地的壯舉。有的只是最平凡不過的生活和在生活中不斷艱難前行著的普通的人們。」

我是普通人中的一個，你我都是，我們出身平凡，似乎未來一眼望得到盡頭。但你信我，別低頭，也別什麼都沒做就認輸。你盡自己所能地努力，命運一定會給你應得的報償。你想要的生活，你期待的人生，你必須靠自己去爭取。

其實，這一年裡，爺爺總勸我知足常樂，不要一心想著賺錢，他說小時候日子太苦，現在真的已經很好。誠然，他說得對，生活沒有辜負我，我感念這幾年的得償所願。

只是人生寥寥，被太多人丟棄太多次，我已經受夠了被人居高臨下地俯視，我無法心安理得。我老早就明白世俗所得，並非人生的終極目標，我也從未把世俗的成功當作畢生追求，我僅僅是想看看自己能站得多高，人生有多少可能。

我出生底層，早慧成熟，比同齡人更早知道，鑄造安身立命的本事，鍛造埋頭挺進的意志，才能挺直腰板行走。

人性變幻，顛撲無常，不管別人怎麼看我，強勢、野心勃勃……人生是自己的，有捨便有得，都是自己的選擇。

我今天的努力，今天的奮鬥，是我的安全感，是我的出路，是我不取悅不依賴的底氣，是我平凡人生中真誠的追索，是爺爺奶奶晚年的幸福。

為此，我一路艱辛，也甘之如飴。

我是普通人中的一個，你我都是，
我們出身平凡，似乎未來一眼望得到盡頭。
但別低頭，也別什麼都沒做就認輸。
你盡自己所能地努力，命運一定會給你應得的報償。
你想要的生活，你期待的人生，
你必須靠自己去爭取。

學會放過自己，人生才能破局

六月初的時候，弟弟打來電話，他說馬上要考高中了，問我要不要過去陪考。那時我正忙著寫當月的廣告文案，根本沒有多餘的時間多想，我說到時候再看吧，然後果斷掛了電話。

晚一點稍微閒下來，我再想起這通電話，一股歉意浮上心頭，但又夾雜著一點暖意和苦澀。

我從幼稚園讀到大學，十幾年的讀書時光，從沒有過父母的參與，就算是讀了大學，也是爺爺陪著我坐巴士去報到的，我們祖孫倆在陌生的城市裡輾轉，就連過馬路也都戰戰兢兢。

就是在那樣的日子裡，父親也沒

有打過電話。當然，母親也沒有，他們離婚後斷了聯繫，但在這一點上竟然一直有著高度的默契。

而我同父異母的弟弟，不可謂不幸運。

他被父母捧在手心裡，上下學有父親接送，日常生活也被我阿姨照顧得周到，完全是沐浴在愛裡的明朗男孩。也正因為如此，我偶爾發酸，聊到一些敏感話題的時候，會質問父親，為什麼當初沒有這樣對待我，我不是你女兒嗎？

每當我開口，父親開始找理由，弟弟沉默，阿姨也不再說話，討伐在一種尷尬中無疾而終，沒有答案，從來沒有。

所以很多時候，我是這個四口之家的和諧氛圍終結者，我在那個家庭裡格格不入。

想到這裡，我撥了視訊電話給弟弟，我坦言：「三個人陪考，結束了肯定要一起吃飯，你不怕我又忍不住臭臉嗎？」

弟弟思考了幾秒，他說了四個字：「我理解你。」

我聽完他的回答，當下心裡五味雜陳，我的弟弟，似乎比我想像中更成熟一點，更願意同理我，這讓我覺得溫暖，也讓我不由生出一絲歉意。

我收拾好表情，點點頭，表示有時間一定提前過去，並且承諾考完了就帶他去吃大餐。那一刻，他在視訊裡笑得合不攏嘴，而我羨慕他，想成為他，也無比感激他。

自始至終，弟弟是沒有錯的，我的情緒反撲，從來不應該讓他來承擔。

我又斷斷續續回憶起我和弟弟之間的細枝末節，突然意識到，我好像對他苛刻了一點，我用我的成長環境來和他比較，因此固執地認為，弟弟不應該比我差，他至少要成為一個好學生，這樣才能抵消得了我這些年的「犧牲」。

三年前的夏天，弟弟小學升國中的考試考得不理想，進入了一個相對差一些的國中，我的情緒一下子止不住了，生氣、不平，我怎麼也想不通，得到了所有愛和關注的小孩，難道不是應該更優秀嗎？

我看著他們喜笑顏開面對弟弟的失利，看著父親一如往常對弟弟疼愛有加，所有人都用愛意寬慰他，我崩潰了，無來由的崩潰。

我一出生就接受了家庭不完整的事實，活得隱忍又小心。

即便天資不行，智商也一般，還是很努力地希望考高分，只為了一個月一兩次的電話裡，我能和父親多說點話，讓他開心，讓他覺得有我這個女兒是件值得驕傲的事情。

我在我弟弟現在的年紀，差不多也是國三即將畢業，那時候弟弟還是個頑皮的小男孩，他得到了所有人的喜愛和關注，而我因為理科成績開始下滑，每天都在擔心，父親會不會越來越覺得我是個累贅。

這些年，我一直都在自我療癒，對弟弟的感情也極度複雜，我確定我很愛他，只是我站在我的角度，觀察他一路的成長，每每看到他闖禍、犯錯，依然可以被父母捧在手心裡，這讓我嫉妒又豔羨，差點迷了眼。

他確定他被愛著，所以沒有失去的恐慌。
這是我一輩子都沒有體會過的感覺，我做夢都想體驗。
而正是因為這種匱乏，我以一種自己都沒有發覺的扭曲心態，面對我弟弟。

我將我的「委屈」和弟弟的「寵愛」畫上等號，心理上沒有放過我自己，也沒有放過弟弟。我狹隘地認為，這些年父親將我丟在老家，將幾乎所有的愛都給了弟弟，他沒理由不優秀，沒理由不珍惜，沒理由不成為一個完美又出色的孩子。

我沒有健康的愛的嗅覺，所以在愛人這件事上一直是不及格的小學生。我抱著「不正確」的期待，對弟弟總是無意間表露出一些負面的情緒，到底這些負面情緒有沒有被弟弟察覺，有沒有對弟弟產生不好的影響，我不敢多想，但看到他盡他所能包容我的敏感和糾結，我知道我必須自察自省。

真正健康的愛，是怎樣的呢？這個問題我思索了很久。

我慢慢靜下心來思索，反思我在我自己的家庭中一些固執的認識和觀點，我意識到一直以來，自己的許多想法都陷入了一種深深的困境。

儘管不想承認，父親對弟弟的愛才是健康的，弟弟沒有因為成績不好或是犯錯就擔憂不被愛，這也是正常的。如果父母與子女之間要以「愛」為名，去剝奪、去交換，這樣的愛才是畸形的，終有一天會發酵成道德綁架。

我有預感，如果我還是不能改變，我對弟弟的愛有一天也會成為一種枷鎖和鐐銬，我們也許真的會漸行漸遠。

這個家庭裡，不需要更多心理上有缺陷的人，這個家庭裡，能夠擁有絕對正常的血緣關係，是一件值得慶幸的事情。

我不需要和我一樣忐忑不安的弟弟，也不需要用我童年的不幸運捆綁弟弟。用眼淚和委屈換來盛開的我，今日看起來光鮮亮麗，實則有一顆千瘡百孔的心。

我希望我的弟弟不必重蹈覆轍，他要朝氣、向陽，他的一生不必活給任何人看，他只管自己活得漂亮，活得舒心。

如果父母與子女之間要以「愛」為名，
去剝奪、去交換，這樣的愛才是畸形的，
終有一天會發酵成道德綁架。

沒有他，我擁抱不了現在的人生

好些年裡，我筆下的文字總是離不開一個人。

那人陪伴我好久，就算如今在關係和距離上不再近，他的存在本身也影響了我很久。

我寫小說隨筆的那兩年，身後跟著很多和我一樣對前任無法釋懷的女孩。但也許我的文字動情，比她們多了幾分修飾，讀者們總能在我的文字裡找到意難平。

我無意刻意杜撰、描述、粉飾，不過我也不否認，或許因為自始至終對他有著某種濾鏡，所以那個人始終是我生命裡不可觸碰的逆鱗。

我現在寫下這些字，腦海中男孩的臉和他十七歲的樣貌重合在一起。

好像沒怎麼變，又好像已經面目全非。

他有著普通的名字，說話溫和；他走路腰挺得筆直；他很少說動聽的話；他是少有的在那個年紀就已經內斂沉穩的男孩。

我瞭解他，他也瞭解我。

我們之間，最好的光景是我十七歲那年的七夕節。

男孩突然被通知留校為化學競賽做準備，而我一個人在山水廣場上，一口氣放了七個天燈。我仍舊記得，每一個燈上我寫的願望都是：希望×××明年夏天，金榜題名南大。

我們的戀愛理智又純情，怕影響學習，怕影響未來。小心翼翼卻又虔誠坦蕩。

唯一美中不足的，是我太差了，我在他面前，總是沒什麼自信。

被他喜歡的時候，我還留著齊耳短髮，像個小男生，皮膚黝黑，站在人群裡落寞又渺小。而他是不同的，拿著最多的獎學金，站在最高的領獎臺，是所有人眼中的天之驕子。正是這樣意氣風發的男孩，突然有一天跟我告白了，那麼真誠，那麼坦率，我又歡喜又忐忑。

但你知道的，一個從小被父母冷落的小孩，自始至終都缺少愛的啟蒙，一旦被人告知心意，總是會覺得不真實。我想，我何其渺小，竟然被一個無比優秀的人喜歡了，這會不會是惡作劇，會不會是在開玩笑？

被他喜歡的歲月裡，喜悅當然是有的，但同時伴隨著忐忑不安，總覺得自己不夠耀眼。為了配得上他的喜歡，我奮進讀書；為了能和他比肩齊頭，我擠破腦袋想讓自己優秀。

我一邊惴惴不安，一邊極度渴望對方能守著這份真心，
耐心等到屬於我的榮耀時刻。

不過顯然，這種渴望落空了。他考完大學考試後去一所飛行學校讀書，如今成了一名優秀的飛行員，而我在高二那年經歷一場車禍，進而休學、留級，和他拉開了更大的差距。因為種種現實因素，幾年後，這段純粹的校園戀愛，終於走到了窮途末路的境地。

說真的，我在很多地方感謝過這個人，很真誠的感謝，不是客套的拿來顯示肚量的假話。和他戀愛的幾年，是我人生中收穫最多鼓勵和肯定的階段。

在我沉溺於自己的渺小，沉溺於不完美的原生家庭，沉溺於自己的缺點時，是他一遍遍告訴我，我有哪些優點，我是多麼值得被愛的女孩。

唯有他了，唯有他跟我說過，說希望我過最好的生活，也是他在我有輟學念頭的時候，緊緊抓住我不曾鬆手，鼓勵我走進了大學。

那差點走歪了的人生，因為他有意的生拉硬拽，這才踏上了正途。

米蘭．昆德拉曾經說過一句話：「人一旦迷醉於自身的軟弱之中，便會一味軟弱下去，會在眾人的目光下倒在街頭，倒在地上，倒在比地面更低的地方。」

我不敢說他在我人生中產生了多麼大的作用，但他在我最自卑的時候，把我捧在手心裡，鄭重地告訴我，我值得被愛、值得被珍視，我就能在任何痛苦的境遇下，振作起來。

網路節目《奇葩說》裡有一集關於前任的辯題。在那一集辯題裡，傅首爾的一番話我至今印象深刻。

她提起自己的前任時，第一句便是：「我的前任非常優秀。」

傅首爾說，她和前任在一起的時候，特別喜歡寫部落格，是前任鼓勵她，說她總有一天會成為作家。

時光荏苒，十年後，傅首爾真的出書了。她在網路上第一篇點閱率破百萬的文章寫的就是對前任的感悟，也恰恰就是這篇文章讓她的社群帳號熱了起來。

「我想這是這段愛情為我埋下了一顆彩蛋。」

「只是在偶爾看到關於他的消息時才想起來，這個閃閃發光的人，我曾經愛過他。」

如傅首爾這般的話語，一字一句，好像也很適合形容我和他。

這些年我寫文，做自媒體，擁有了愛我的粉絲和讀者，也不再為五斗米折腰，曾經自卑的我，終於找到了一點自信，發自內心開始變得快樂。

我沒有取得所謂的世俗意義上很大的成功，但至少在很多人看來我也不差，那個讀了藝術，長得瘦黑高挑的小鎮女孩，如今也靠自己在城市買了房子。

我感謝他將我從深海裡打撈起來，感謝他將我從沼澤里拉上來。正因為他最初的鼓勵和肯定，我才有勇氣邁出去，找到了今天的自己。

宮崎駿老先生說：「人生就是一列開往墳墓的列車，路途上會有很多站，很難有人可以自始至終陪你走完。當陪你的人下車時，即使不捨也該心存感激，然後揮手道別。」

那些和他有關的日子，永遠在記憶裡熠熠生輝，像是黑夜裡趕路的勇氣，幫我壯著膽子前行了很久。

毫不誇張地說，我的一些小小的收穫，就像這段愛情為我埋下的彩蛋。有了它，我的人生之路才走得更堅定。

在我沉溺於自己的渺小，沉溺於不完美的原生家庭，
沉溺於自己的缺點時，是他一遍遍告訴我，
我有哪些優點，我是多麼值得被愛的女孩。
那差點走歪了的人生，
因為他有意的生拉硬拽，這才踏上了正途。

生命中最滾燙的一章

和Ｔ君的戀愛就像曇花一現，時間很短暫，短到周遭人都不知道這段感情的存在。

我們分手的時候，對方說這段感情像是我隨便開的一場玩笑，自己很認真，換來的卻是我的冷待。

我張張嘴，想要辯解什麼，但是最後發現只能囁嚅著，什麼也說不出來。這場感情裡，我的確是完全的過錯方。

和Ｔ君在一起的時候，就連看電影時他想牽我的手我都會下意識地抽回，這種行為先於思考的表現，真實反映了我對他的感情。表面上我和Ｔ君是合適的、相配的，但是相處時的扭捏和不自然，可能只有我們兩個人心知肚明。

T君和我是在一家酸菜魚館分手的，非常平和，他提出來的時候我如釋重負，我們都是相對理性的人，很懂得及時止損，所以分開時相視一笑，自然而然退回朋友的關係。

酒過三巡，T君打趣：「你初戀對你影響真的很大，後來的人確實很有壓力啊。」

我點點頭，沒有否認。

和初戀分開已經超過七年，這七年裡，初戀成為我用不盡的素材。我寫校園小說的時候，故事裡的男孩身穿藍白相間的制服，身姿挺拔，一舉手一投足都是初戀的影子。我寫那些愛而不得的純愛故事，故事裡的女孩自卑敏感，總是照見我當年的心境。

如果這個世界上真的有一個人曾經潛入我最深的心底，如果這個世界上真的有一個人讓我發自內心想要靠近，我想，是他吧。

他是我生命中最滾燙的一章。毋庸置疑。

在那一章裡，我還是一個一無所有的小女孩，而他儼然是有擔當的成熟男孩，我們那麼努力學習只是想讓自己擁有更好的生活。我的原生家庭，我的不安、敏感，他照單全收。

除此之外，他鼓勵我讀書，鼓勵我自信，鼓勵我接受我自己，在我最糟糕、最自卑的那幾年，只有他一直對我加以青睞，他相信我是蒙塵的明珠，發光只是時間問題。

即便是高中不同校的三年裡，他也沒有放下過對我的關心，人前好好學生的他，背地裡為了我偷用奶奶的電話，半夜替我補習數學。

就算是元旦這樣的日子裡，他也抓著我要講解函數題給我聽。少責備，多讚美，記憶裡似乎沒有對我生過氣，讓我覺得自己是值得被小心呵護的公主。

有朋友曾經問過我：「你是不是還是放不下？」

我愣怔了幾秒，給出了回答，我說：「都過去了。」

「都過去了」，這四個字裡面涵蓋的情緒不堪細想。

那場戀愛曾經聲勢浩大地闖進我的生命，後來又在一陣無力的情逝中走向結束。

說實話，我用了很久才得以放下，面對這樣一個影響我至深的人，不可能做到完全的果斷，更何況那是人生第一次也是僅有一次的初戀。

近年來，隨著我自己的心智成熟，對這段感情也有了一些新認識，我發現我一直以來都誤解了，我以為我無法釋懷的是他這個人。但時間滾滾向前，我幾乎想不起對方的模樣，也早就不再關注對方的生活，只有那段時光，那段我被愛的時光，讓我生出勇氣，生出自信，於是被我一直珍藏。

當然，遺憾是真實存在的，我們之間，不是水中月鏡中花，也不是什麼都沒來得及發生的暗戀，我們真的在茫茫人海裡確定過彼此的心意，以最誠摯的心情祈求對方在自己的生命中長久停留。

一直以來，我都在渴求的飽滿的愛意，有幸在他那裡感受過，因此無論如何都不能對這個人表現出漠然。

我想起張愛玲在《流言》裡寫過的一句話：「女人……女人一輩子講的是男人，念的是男人，怨的是男人，永遠永遠。」

這話作為女性，乍一聽確實感到悲愴，我們好像沒有自己了。可是樂觀一點想，倘若因為一個男人而有所成長，從而找到真正更好的自己，何樂而不為？

是他讓我有幸感受過充滿愛意的人生，是他讓我知道，原來被一個人用盡全力去喜歡，真的可以從對方身上收穫超越山川河流的影響。何其有幸。

他是我生命中最滾燙的一章，這一章精彩絕倫，或許對他本人而言，我也是路過的路人罷了，沒有多麼深遠的影響，但是那種被人完全支持著的感覺，我在後來的任何一個男孩身上都沒有看到過，我知道那是我有限人生裡獲得的珍品。

年紀增長，皮膚衰弛，關於他的那一章，我反覆品讀，已經沉澱出足夠我消耗的勇氣和能量。

和這個世界交手多年，不能說光彩依舊，但有一部分確實一直沒有變過。我還是在讀書，也一直在追求自我的認同，這兩者都是那個人給過我的指引，影響我的一生，讓我變成了一個能學會欣賞自我、豐富自我的人。

如此，即便我在世俗的煩瑣裡摸爬滾打，即便世俗裡有洗不盡的鉛華，沒關係，我還是有一副堅硬的盔甲，讓我勇敢、從容，向未知的前路行進。

我以為我無法釋懷的是他這個人。
但時間滾滾向前，我幾乎想不起對方的模樣，
也早就不再關注對方的生活，
只有那段時光，那段我被愛的時光，
讓我生出勇氣，生出自信，於是被我一直珍藏。

誰不是一邊受傷，一邊成長

阿C和我通話的時候，我們還沒有從上一次的彆扭中完全釋然，所以再談到她那個年齡較小的資優生男友時，一些小摩擦一觸即發。

我們刻意迴避了上一次的爭執點，約好了一起吃晚餐。

「我打算等他了，我相信他，也相信自己的選擇。」阿C臉上的柔情溢於言表。

我悶頭吃著碗裡的玉米濃湯，許多話都已經沒有必要再說，她那麼一根筋的人，在感情上也是極致的，不見棺材不掉淚。

阿C喜歡的人是同校的「男神」，男神比她低兩屆，一起演過話劇。畢業後第二年，阿C在公司再次遇見前來實習的男神，緣分就這樣埋下。

在他們這段關係裡，我算是那種多事的管家婆，我不喜歡阿C的男神，也不看好他們的感情能長久，所以對於他們的戀情，我經常說些我自以為的逆耳忠言。

而我之所以會對阿C的這段感情橫加阻撓，大概是因為，她的小男神在明知自己會出國的情況下，仍舊和阿C來往，兩個本身家庭就相距甚遠的人，還要經歷跨國的遠距離戀愛，時間與空間的難題全部都擺在面前，只要有一天這個小男神遇到了新的愛情，阿C就會被無聲無息地拋棄。

可是就在五個月後，阿C把男神送的戒指拿到我的面前，好像擺在眼前的不僅僅是一款簡約的戒指，而是只要戴在無名指上，他們之間的愛情就能夠幸福一生。

「你太天真了。」我再次潑阿C冷水。

「你就是這樣的，在別人沒有離開你之前先離開別人，你以為你聰明，你瀟灑，其實就是膽小。」

那天的阿C反過來把我數落了一遍，她口若懸河，我啞口無言，甚至自己也覺得自己活該孤獨終老。在我完全愧疚，完全心虛地悶頭喝著玉米濃湯的時候，阿C又繼續說：「今天上午，我去機場送他。我知道我以後是要嫁給某個人的，但是一想到會嫁給他，多少的等待都值得。」

「他要是敢在美國泡洋妞，我就把他拖去淨身房。」我恨恨地說道。

阿C撲哧笑出了聲，她摸了摸手上的戒指，眼中閃爍著溫婉的光亮。

那一刻，我突然反思，突然陷入一種以前沒有過的思考：是不是見過了周遭太多輕易的別離和辜負，所以一旦遇到潛在的危機，自己就從來不會想辦法去克服，只會提前為悲傷做好伏筆？

有一部日劇叫《逃避雖然可恥但有用》（又譯作《月薪嬌妻》），我有段時間很迷這部劇的一些臺詞，我甚至並不覺得逃避可恥，我覺得逃避很有用，也很方便。

但是現在回過頭來想想，過去存在的問題還是存在，沒有解決的依舊沒有解決，只不過當時認為棘手過不去的坎，現在已經沒那麼重要。

而之所以沒那麼重要，是因為有很多東西已經錯過了。

那時候以為熬不過去的感情，因為輕易地放棄成了並不必要的遺憾，那三兩個人存在著，偶爾在回憶裡、在現實裡和我不痛不癢地存在交集，我有時候會後悔，有時候會不甘心，有時候又無能為力。

我在很久之前就已經不如阿C勇敢，不管是對待感情，還是對待煩瑣的生活，負能量潛移默化著我，讓我看似堅強，看似瀟灑，看似坦率，但其實錯過了太多。

像很多成年人一樣，我已經很少說真摯的話，很少和某個人說許多許多的話。

我高興的時候，難過的時候，鬱悶的時候，委屈的時候，大多是不動聲色的，我吃零食，喝冰鎮的飲料，看可以流淚的電視劇。

我不知道那些糟糕的壞情緒，有沒有隨著零食一起進入我的胃囊消化掉，只是第二天醒來的時候，刷牙洗臉，和朋友說著今天的熱門新聞，早上買的雞蛋煎餅放了我討厭的肉鬆，這些細枝末節機械重複，日復一日。

我那麼為阿C考慮，期待她能夠擁有天長地久的穩定的感情。可是轉念一想，阿C不是我，我怕的她並不一定怕，我逃避的她可以承受，這才是重點吧。

成年人和小孩子的區別就是，是否可以為自己的行為承擔後果。

我不知道阿C要死心塌地等待她的小男友幾年，是兩年三年還是五年十年，甚至人心難測，也許我擔心的事情明天就會發生。

但那又怎麼樣呢？人不能總是為沒有發生的事情感到焦慮，明天的事就留給明天後悔，未來重要，當下的感受也很重要。

就像阿C說的，世界上每天都有辜負和被辜負的事情發生，可是我還是願意相信我愛的那個人不一樣，那個人是不一樣的，所以根本不用猶豫，要全力以赴為這段感情付出。

以前在一本書上看到過一段話：「時間無情第一，它才不在乎你是否還是一個孩子，你只要稍一耽擱、稍一猶豫，它立馬幫你決定故事的結局。它會把你欠下的對不起，變成還不起。又會把很多對不起，變成來不及。」

我也許也欠著一些人不一樣意義的「對不起」，但是這些「對不起」的選擇背後，也一定讓自己有過傷痛。

和阿C分開的那天晚上，我整晚都是心緒不寧的，我祈禱阿C這樣熾熱美好的女孩子，能夠得到一份完美的感情。

當然，我也祈禱著，有一天我會遇見一個人，那個人讓我相信，那個人讓我打消一切顧慮。

人世無常，我們一邊受傷，一邊行走，一邊被現實扇耳光，一邊後知後覺就地自省，這個世界瘋狂無情卻又不失美麗多情，沒有到來的未來，才應該要積極樂觀地招手問候吧。

如果只是一味地擔心失去，最開始又怎麼有勇氣抓牢？

是不是見過了周遭太多輕易的別離和辜負，
所以一旦遇到潛在的危機，
自己就從來不會想辦法去克服，
只會提前為悲傷做好伏筆？

謝謝你，我生命中最重要的人

爺爺很愛穿在路邊攤上買的衣服。

大學時第一次拿到一萬五千元的稿費，我興沖沖地坐巴士回到了老家，兩個小時的顛簸，卻未讓我覺得疲憊。我的目的明確，一定要拿錢買衣服給他們，而且是去商場裡，一手交錢一手交貨那種。

我太渴望被看到了，那種被別人認可，毫不誇張地說，帶著一萬五回家這件事，純粹是「小人得志」。

我回到老家後，第一件事就是去田裡把正在種菜的爺爺奶奶喊回來，要他們換好衣服跟我進城。

印象很深的是，我帶他們去了一家老年人都愛的服飾店，那裡的衣服都很氣派，很多老人都穿著在那裡的衣服在爺爺奶奶面前炫耀。我早就想過，有一天賺了錢，一定要給爺爺奶奶各買一件。

那時正好是冬天，冬衣普遍貴，價格大多在一千元到三千元之間。奶奶還好，她不識字，又有眼疾，所以看到喜歡的我立刻就讓她試試，直接就拿在手裡。但是爺爺卻並不好糊弄，看到了價格後，嘴裡就開始嚷嚷著不好看，還沒有他在路邊攤上買的好看。

他很固執，固執到讓你生氣的那種。

那天我準備買一件爺爺喜歡的藏藍色厚外套，兩千多，他在店裡跟我拉扯，爭執了幾句，即便店員和奶奶一起打圓場，爺爺也不同意買下那件衣服。

我只能作罷。

那天之後我們冷戰了，奶奶也替我抱怨他頑固，孫女想買件衣服給你，錯了嗎？

他躲在房間裡翻他已經翻爛的舊書，一聲不吭。

我在第二天下午匆匆忙忙趕回學校，連同前一天發生的不愉快一同帶走，我賭氣地想，我再也不買衣服給爺爺了。

幾個月後，那時我一個月已經可以賺到兩萬多塊的稿費了，每個月都有結餘，日子過得還算不錯，我再次提議買新衣服給爺爺奶奶，我說換季了，該買新的了。

奶奶說好啊，你要是怕你爺爺生氣，你就偷偷買給他。

那天，我悄悄翻找爺爺的衣服，想記下他的尺寸。但翻找的過程中，一個泛黃甚至有點破舊的本子吸引了我的注意力。我出於好奇打開了它，卻在看完了本子上的內容後，忍不住掉下眼淚。

那是個帳本，開始記錄的日期始於我讀小學的那年。

密密麻麻的，好擁擠，小到每個月的公車月票費，大到我讀美術後學繪畫的補習費，每一筆或大或小的數字，都是爺爺的汗水。

小學的帳單都很零碎，四年級之前我還沒有轉學到城裡，爺爺奶奶的蔬菜種得很好，我無憂無慮，爺爺奶奶也無憂無慮。

小學升國中，我考了全縣第二十六名，父親很高興，聽說二中和三中都聯繫我並且免除學費，他在電話裡笑得開懷。

但令他沒想到的是，我因為好朋友都去讀了當時最好的附中，所以放棄了免學費的機會，也吵著要去。爺爺咬咬牙，第一時間拿著存摺領了一學期快兩萬元的註冊費。

為了帶我讀書，爺爺奶奶不再經營原本經營得很好的十幾個蔬菜大棚，我們的日子開始變得拮据。

我在現實的調教下很快懂事，我不伸手要錢買零食，但奶奶像是例行公事一樣，每天要給我五十元零用錢。

學校在山上，晚自習要上到七八點，他們沒有交通工具接我，五十元可以讓我一分為二，既可以把晚飯解決，還能讓我和別的同學一起搭車回家。

我上國中的那一年，是父親最拮据的一年，他新的小家庭剛開始不久，弟弟出生，我在老家讀書，他一個人負擔了四個人。

父親還是把學費還給了爺爺，學費是他的底線，爺爺說過，學費一定要讓我爸爸出，剩下的他想辦法。因此在城裡讀書那幾年，生活上和學校裡的雜費，爺爺奶奶都盡可能承接了過來。

帳單上的字很漂亮，每一筆都很詳細，我甚至看到，在國中結束的那一年，爺爺在帳單的最下面，寫下一行小小的字：高中一天一百塊錢零用錢。

那是他對自己的要求，對我的疼愛。

他的心裡有一個帳本，如何在年復一年不復年輕的年紀，去做更多更辛苦的工作賺更多錢，才能把我養大成人，真正走出去。

高中的時候，我出了一場車禍。

左腳踝粉碎性骨折，爺爺在我的病床前一夜未合眼，眼睛紅紅的，奶奶說，跟你爺爺結婚這麼多年，還沒看他哭過，昨天半夜在走廊哭了。

我覺得腳痛，但我明白不能在爺爺在的時候喊痛，我知道，疼在我身上，痛在他心上。

在過去的歲月裡，我時常抱怨命運，覺得好多坎坷。

後來，我身體恢復了，又可以重新上學了。爺爺已經不放心我來回通勤，又開始更賣力做辛苦的工作，比如種樹、修路，寒冬酷暑，也絕不休息。

他盤算著多賺點錢，讓我可以不用來回通勤。

一個月多出來的開銷，高二選科後美術畫材和學費的開銷，全是他靠那雙黝黑的雙手賺來的。

大學我讀的是美術，畫畫需要的材料費用和學費加起來更多了，父親給了學費，每個月給我三千五百元的生活費。我在爺爺面前哭了，我控訴父親，控訴那麼一點錢根本不夠我生活，堂姐三年前讀大學就一個月五千生活費了。

爺爺咬咬牙：不夠我給你。

大學報到那天，那時已經六十九歲的爺爺跟我說：「還有四年，就真正把你養大了。」我轉過頭望向窗外，眼睛升起一層薄薄的霧靄，我知道，我沒有真正走出學校，爺爺就不敢老。

我們到達後因為不熟悉路況，第一次花錢搭計程車，兩個人在學校正門下車，車費要一百多塊，爺爺第一次沒有碎念太貴了。

學校的正門氣勢恢宏，我們站在門口，呆愣了幾分鐘，爺爺說：「大門真氣派，你替我拍張照。」

他的表情很得意，他甚至跟我說以後一定要把照片印出來。

爺爺的內心一定很自豪吧，一個面朝黃土背朝天的老頭，也能把他的孫女送到大學校園。

爺爺送我到宿舍樓下後就走了，恰巧高中的一位同學跟我同校，爺爺搭同學家的車回家，走之前把身上帶著的交通費也給了我。

他說，沒錢就打電話回家，別餓著。

最初的那兩個月花錢很快，什麼都要買，母親也開始介入我當時的生活，不過形式單一且粗暴——直接轉錢給我。

不算多，她「忌憚」我爸，害怕多給我，父親就更不想管我，這個理由是成立的，我可以愛你，也可以為你花錢，但你爸爸也要花，不能不承擔責任。

我懂她的心理，人之常情，她和父親缺席我這麼多年的成長，沒有誰不好，但我知道，始終讓我獲得飽滿愛意的，是爺爺。

現如今我已經賺了一些錢，爺爺起初不信，後來懷疑，再後來半信半疑，直到我畢業三年就買了房，我把房屋權狀拿到他面前，他才真的深信不疑。不過他還是節儉，還是習慣去路邊攤買地攤貨，他滿足又欣慰。

五六年前，我寫稿收入兩萬，他捨不得穿兩千塊的衣服。而如今，我每月的收入多了很多，他終於坦然穿上了兩千塊的衣服。

他已經七十六歲，邏輯沒有我縝密，思緒沒有我敏捷，講話偶爾鬧笑話，但依舊愛用他讀的書教我踏實做人、踏實成事。

書裡有過這樣一副對子，爺爺總掛在嘴邊：「牆上蘆葦，頭重腳輕根底淺；山間竹筍，嘴尖皮厚腹中空。」

我想，我能苦行僧般地將寫作進行到第八年，爺爺骨子裡的信仰和真誠，是我一往無前的底氣。

我轉過頭望向窗外，
眼睛升起一層薄薄的霧靄，
我知道，我沒有真正走出學校，爺爺就不敢老。

輯五

人生唯一確定的
就是不確定的人生

未來某個時刻，一定會看到堅持的意義

將一件事堅持很久是一種什麼體驗？

八年前我對堅持的力量一無所知，但是八年後，當我真的因為堅持開闢了人生新篇章，我終於明白：原來「堅持」，可以化腐朽為神奇。

二〇一五年的我，讀大學一年級，從小鎮走出，滿懷自卑的心事，因為無處釋放，所以將情緒寄託於文字。

我在後來從沒停過用文字表達，轉眼間，已經到了二〇二二年，寫作陪伴我經歷失戀、入職、晉升、裸辭、自由職業，我用它記錄人生的每一次轉折，也記錄每一次重創，它為我編織一身對抗世界的盔甲，也成為我手中的武器，讓我大膽行走人間。

八年的時間，在我自己的人生海洋中，沒什麼巨浪，依舊生活在很小的圈子裡，只是中間帶來的影響，對於我個人來說，確實稱得上翻天覆地。

曾經在網路上看到過一句話：「堅持，不一定會讓你立於山巔之上；可如果你不堅持，你連靠近山峰的機會都沒有。」

起初我也沒有凌雲壯志，甚至從沒想過靠寫作改寫自己的人生，但就像你看到的那樣，我沒有喊過一句口號，只是日復一日，不知疲倦地寫，走到了現在，改變了家人的生活，也改變了自己的生活。

物質上開始逐漸好轉，整個人的氣場似乎也在轉變，過去站在超市裡對貴一點的水果絕不會多看一眼的小女生，現在已經敢於投擲目光，面對不公也敢據理力爭。

前幾天在老家，爺爺將田地承包出去，對方給的金額比簽訂的合約單價低，每一畝地都少了一百元。鄰居們私底下都在控訴，卻沒有一個人敢出頭起訴。

我看爺爺深夜起來寫了整整兩張紙，這才意識到他有了起訴的念頭。

那天晚上，我聽著爺爺講述一些細節，幫他寫了起訴的文字，鼓勵他爭取自己應有的權益。

以前我是不敢這樣做的，也覺得為了一畝地一百塊錢的差額打官司，會被人看笑話。現在的我卻不是這樣想的，權益需要自己爭取，吃虧也不都是福，我好像更願意和不公對峙，自己的權益一定要堅持爭取，不願意任人欺侮。

除此之外，焦慮和不安在這兩年裡得到妥善的安置，失眠的次數不像以前那樣多。

曾經我以為在鄉下生活，難免會空虛和寂寞，但事實證明，有書讀，有家人陪伴，我就能感受到生命的充盈。

後知後覺中，長時間堅持寫作，似乎幫我戰勝了我生命中與生俱來的虛妄和軟弱，讓我有膽量大聲講話，讓我有勇氣平視他人。

寫作讓我丟掉了粗野，丟掉了麻木，它讓我長出長長的觸角，伸向夢想，伸向渴望，伸向諱莫如深的內心，它填平了過去很多年裡，我累積的對這個世界的失望。

在這八年裡，我因為寫作一點點蛻變，也因為寫作不斷探索了更多的人生可能，過去陳舊落後的老繭，一寸寸剝落，我也終於迎來嶄新的自己。

或許皮囊還是沒變，甚至因為快要邁進三十歲，眼角和脖頸都有了細小的紋路，被歲月鐫刻出痕跡。

但我的骨骼一定是新的，細胞和血液都充斥著新的因數，和過去那個蹲坐在井底的小鎮女孩截然不同。

原來，當一件事堅持得夠久，久到成為一種習慣，成為生活的一部分，它的意義就超越了事件本身。

一個堅持的人，是有強大的內心世界的，深信重複的力量，篤定「一萬小時定律」，他們的人生中常常有些外人無法理解的叛逆和偏執，別人或許不能理解更不能認同，但自己卻樂在其中。

八年前，我第一次跟父親聊未來的工作問題，坦言有想法靠寫作謀生，他當時的表情我至今還記憶猶新。像是在看一個說夢話的傻子，眼中還有譏諷。我在眾多年長的親戚眼中成為一個心比天高的人，在暑假瘋狂寫作參加徵文比賽，也被定義為不務正業，受盡了苛責和冷待。

回看自己曾經走過的路，堅持很難，更難的是堅持的過程中，無數人向你丟下言語的利劍，讓自己像是癡人說夢。

所以我才說，當一件事堅持夠久，堅持的意義是超過堅持的那件事本身的，一個人能夠不顧流言蜚語，不顧偏見和否定，硬著頭皮做自己想做的事，本身就是一種稀缺的品質，尤其對於出身一般的女孩來說，更為珍貴。

我們這樣出身普通的女孩子，極容易滑下去，被教條、偏見、固有思想禁錮著，極少有機會做自己想做的事，又何談這份看不到盡頭的堅持？

曾經看過一段話：「每一個優秀的人，都有一段沉默的時光。那一段時光，是付出了很多努力，忍受孤獨和寂寞，不抱怨不訴苦，日後說起時，連自己都能被感動的日子。」

我想，這段沉默的時光亦是咬牙堅持的時光，如同獨自邁上一場跋山涉水的征途，不僅要聽從內心，更要學會遮罩周圍的一切聲音。

唯有如此，你才能在這條很少有人走的路上，收穫繁花和碩果。

一個堅持的人，是有強大的內心世界的，
深信重複的力量，篤定「一萬小時定律」，
他們的人生中
常常有些外人無法理解的叛逆和偏執，
別人或許不能理解更不能認同，但自己卻樂在其中。

每個大人都曾是個孩子，雖然只有少數人記得

弟弟高中落榜了，比最低錄取分少四分，成績出來的時候，父親的臉一下子暗了下來，弟弟主動走到父親面前，做好了挨罵的準備。但是那天，父親很平靜，什麼話也沒說，躲進房間裡呆坐了一下午。

晚一點的時候，父親打開房門，問我想吃什麼，然後拿上鑰匙就出門去市場了。弟弟聽到動靜，悄悄打開門給了我一個眼神，我搖搖頭，不知道這場暴風雨什麼時候會來。

我沒太花時間揣摩父親的心情，但我知道他難受是必然的，而且這份難受，夾雜著許多雜七雜八的思緒，只有我知道。

父親把我放在老家十幾年，和

妻子用心經營著後來組建的小家庭，一直以弟弟為驕傲。他信誓旦旦跟爺爺保證，說孫子考上高中沒問題，結果卻事與願違。一向重男輕女的父親，那一刻心情很不是滋味。

幾天後，父親和阿姨極力要我去參加弟弟的家長會，他們說這一次的家長會關乎弟弟的未來，要我務必參加。我把手頭的事情往後推了推，在一個燥熱的下午，陪同父親去了弟弟的學校。

這所學校我還是第一次進來，弟弟讀了三年國中，我只陪著父親在門口等待過他，等他的時候，心情總是複雜的。弟弟出來的時候，我看著父親疾步向前，急忙接過弟弟的書包，眼神裡充滿了寵溺。這種尋常簡單的日常，卻是我從來沒有體會過的奢侈。

那天的學校不同於往常，家長們圍著招生攤位問詢學校招生政策，一個個伸長了脖子聽老師們的分析和介紹，生怕一不留神，錯過的就是孩子的整個未來。

父親也走過去，在聲音嘈雜的環境裡認真地詢問。但他很快偃旗息鼓，高中的招生老師們都果斷搖頭，分數太低了，完全不可能上得了高中。

父親從人群中走出，他的表情無助極了，他可以辛苦工作為孩子創造更好的生活，但是孩子成績不理想，讀不了高中，他一點辦法也沒有。

希望瞬間破滅，父親轉而把目光放在我身上，他囑咐我把每一個學校都諮詢清楚，就算高中讀不了，職校也要選好一點的，這是弟弟人生的轉捩點。我點點頭，思緒飄回任何一個我人生中重要的瞬間，我費力想了想，竟然想不起父親的一句叮嚀，更別說來自他本人的親自關心。

我看著手中一疊厚厚的招生簡章，心底有一簇火苗忽明忽滅，我其實不管多大年紀，到底還是想問他一句：「你有沒有為錯過我的童年感到抱歉啊？」

這句話在我的嗓子眼裡蠢蠢欲動，我在想，如果我的童年裡能夠經歷這些，比如放學接我回家，做早飯給我吃，送我去學校，替我收拾爛攤子，因為成績大聲呵斥我……我心裡的某一個角落，是不是就能夠被填滿？

而不是像現在這樣，無論什麼時候，只要看到有愛的父子或者父女，就會悵然若失一整天。

從學校出來的時候，父親在學校對面買了一袋栗子，熱乎乎的，放到我手裡的同時，似乎有什麼東西狠狠撞擊了我的胸膛，過去被隱匿的、微小的、不被察覺的痛感，那一刻清晰起來。

我的眼淚掉得很快，快到父親一臉震驚，莫名、不解，為什麼一袋栗子也可以讓我生出這樣的情緒？

但他很快也收斂了表情，他在一年前已經知道我的憂鬱問題，無論我有怎樣的情緒變化，他都已經懂得自己消化，不再用「古怪」、「彆扭」、「想太多」來形容這個女兒。

他拍拍我的背，自己的眼眶也驟然濕潤。我沒有看他，喉嚨裡酸脹，生怕下一秒就狂哭不止。

《小王子》中，有一句話是這樣說的：「每個大人都曾是個孩子，雖然只有少數人記得。」

長大的我，理所當然地變得成熟、懂事，
但內心受過的傷，似乎沒有因為成長癒合。

這麼多年了，有些傷口永遠彌新，沒有被歲月撫平。

那個受傷的小孩一直都在，她渴望父愛，渴望重視，只不過後來披著大人的外衣，將傷口掩蓋，沒有再喊過痛罷了。

那句話我不會再問了，也不想再問了，我已經找到了答案，只等到沒人的時候放聲大哭一場，或許這些年的缺憾，該好好畫上一個句點，一個不圓滿卻釋然的句點。

那個受傷的小孩一直都在，她渴望父愛，渴望重視，
只不過後來披著大人的外衣，
將傷口掩蓋，沒有再喊過痛罷了。

你儘管盛開，蝴蝶會自己來

很久未見的大學室友在凌晨撥通我的電話，睡夢中接起，電話那頭是輕輕的抽泣聲。

霎時間清醒了許多，我開了燈，在一個暴雨如注的夜晚，聽她講述一段爛尾的戀愛長跑故事。故事沒有多少新意，一段戀情從高中走到大學再走到社會，原本以為是攜手一生的伴侶，沒想到最後還是分道揚鑣。

室友在螢幕那頭無休止地抱怨，語言很是激烈，她現在最需要的或許是一個人無條件地附和她，情緒上和她有共振，而不是理性分析對與錯、是與非。

很不巧，我是後者，凡事都理性客觀的冷靜女性。

其實，室友的那場戀愛長跑，有一半的歷程我都是見證者，分分合合太多次，每一次都信誓旦旦要放下，最後還是選擇重蹈覆轍。

我不知道這段感情裡她到底獲得了什麼，
但幾年的反覆糾纏和消耗下，她自己的人生似乎一直沒有變好的跡象。

印象很深的一次，是在大三的時候。她和男友一直鬧著彆扭，不願意分手又拉不下臉求和，直到兩人冷戰了一週，她坐不住了，向我借錢，說要去外地找男友，想向我借兩千元。

那一趟愛情之旅可謂轟轟烈烈，嚎啕大哭一夜後，曠課三天千里追愛，被學校記了警告。我們同一個寢室的幾個女孩，都替她不值，但她卻甘之如飴。

室友重新找回了愛情，狀態回歸正常。

每日都會在宿舍裡煲電話粥，少則半小時，多則兩三個小時，男友的喜怒哀樂直接影響了她的喜怒哀樂，她越來越情緒化，也越來越容易不安。

大概兩個月後，冷戰又開始繼續，她再次決定去找男友和好，期末的複習、考試的成績，這些被她拋之腦後，哄好男友這件事一直以來被她放在第一位，再也沒有什麼比這更重要。

我們寢室的女孩子，一個接一個好言相勸，但，無果。最後索性不勸了，別人的人生，只能給予尊重和理解。

意料之中地，室友在大四的時候成為全寢室唯一一個需要補考的人。

畢業離校的前一晚，我們同寢的女孩一起吃了頓飯。

幾個女孩從陌生到熟悉，再到分道揚鑣，好像是一眨眼的事情，不捨是真實的，但對未來的忐忑和希冀也溢滿了整個胸腔。

我們感傷，大家回憶過去，擔憂前路。唯有戀愛中的室友對未來信心滿滿，她的想法很簡單，也很明確：去男友的城市，和他一起奮鬥，結婚、生子、共組小家庭。

我現在已經回憶不起當時的心情了，面對一個天真女孩的美好願景，任何人都不忍心打破，即便是一再修補縫合的劣質感情，不值得全心付出的男人……旁人看得再真切再清楚，也都無濟於事。

你叫不醒一個裝睡的人，尤其是深陷戀愛中的女孩，她們總是不自覺地為自己打造一個牢籠，自己出不去，別人也進不來。

畢業很多年，我和那位室友私下極少聯絡，偶爾聽其他室友聊起她的近況，也只是嘆息幾次。

男友冷暴力、出軌、男友父母的反對……，熟悉的人談起她總是流露出憐憫，但也無可奈何。被男方看不起，畢業四五年後還是不能經濟獨立，被周圍的人看低，這些不都是她選擇的結果嗎？

自始至終，她都有重新選擇的機會，振作的機會，只是她自己執迷不悟，才有了今天的結局。

半夜裡找我訴說，我表示同情，但也真的做不了更多了，陳詞濫調已經聽夠，幾年沒有聯繫，但是一聯繫依舊是為了男人，依舊是在感動自己，多說無益。

幾年前，我讀法國小說家莎岡，在《凌亂的床》中有這樣一段話：「說到底，人有的時候會放任自己去愛一些人，而這種愛會剝奪您的一切，您的才智、幽默感和勇氣。相反，對有些人的愛卻會讓您利用這些素質。那又何不放任自己去愛這些人呢？愛一個讓您痛苦的人，並不比愛一個讓您快樂的人更道德。」

那一刻，腦海裡閃現出的便是室友的模樣，她的愛情熾熱，卻又實在渺小和狹隘，委曲求全、自我犧牲，短暫的青春，僅僅因為一場戀愛便輸得徹底。

人際關係、工作、人生選擇和方向……這些通通圍繞著一段破敗的感情展開，使得自己成為他人生活中的配角和陪襯，實在悲哀。

我常常勸我認識的女孩們要豁得出去，無論是在工作還是在學業上，敢吃苦，肯努力，因為無論歷經多少磨難，這些苦都會變成生活的蜜。獨獨對於愛情，我只會讓她們深思再做決定。

很多女孩對愛情的想像都高於現實生活，理想主義，不自尊也不自強，男人、婚姻、愛情，被她們視為人生的終極意義。

像是做了一場黃粱美夢，醒來才發現，一場空而已。

人生無常，愛情更是流動變幻，不變的是變化，

如果想要更好的人生，就去追求更好的自己，

你儘管盛開，蝴蝶會自己來。

你叫不醒一個裝睡的人，
尤其是深陷戀愛中的女孩，
她們總是不自覺地為自己打造一個牢籠，
自己出不去，別人也進不來。

很多人都是窮怕了，才有出息的

張愛玲說：「我喜歡錢，因為我從來沒吃過錢的苦，不知道錢的壞處，只知道錢的好處。」

從幼年時期我就明白錢的重要性。不過和張愛玲不一樣，她喜歡錢是因為只知道錢的好處，而我是因為知道沒錢的壞處。

很小的時候，我便跟著爺爺奶奶住在棚屋裡了。

沒錯，是棚屋。一種臨時搭建的屋子，用竹子、木頭搭建起房屋的骨架，再用塑膠布、茅草、木板等這些覆蓋在屋頂。我們住的棚屋很簡陋，下雨天漏雨，颳風天漏風，冬天陰冷，夏天又熱得像是蒸籠。

有一年夏天，舊風扇真的用不了

了，奶奶帶著我去市集買新的風扇。我印象特別深的是，我們略過最漂亮的、銷量最好的風扇，在一台有點瑕疵的風扇面前停下，賣家說不影響使用，奶奶幾乎沒有任何猶豫便買下了它，然後搬回了家。

從那時開始，我幾乎是有意識地讓自己懂事，從不在雜貨店裡閒逛，我不再開口向奶奶要任何不必要的東西。每次看到她從口袋裡掏出用手絹包裹住的錢，每次看到她謹慎地點著每一張紙幣，我都覺得，我索要的每一樣東西，都像是一種罪惡。

這種對金錢的敏感，在我十歲那年變本加厲。

十歲那年，父親再婚，應女方要求，千辛萬苦買了間房子。他們結婚後前往外地工作，而奶奶帶我在城市裡讀書，我開始了所謂的城裡生活。

遊樂場我沒見過，肯德基我沒吃過，好不容易托關係轉學，我上英語課的時候，連二十六個字母都讀不好。老家的教育和城市裡的完全不同，我沒學過英語，除了yes和no，我不會第三個單詞。

在城市裡適應的第一年，我總是窘態百出，像一個小丑。

不知道什麼時候開始，我的憂愁開始瘋長。

夜深人靜的時候，我常常在想：如果我有錢，也許我可以去吃一頓肯德基，和朋友們聊聊新出的漢堡什麼味道；如果我有錢，我不至於因為沒錢報名參加校外教學哭著跑回家；如果我有錢，我也不會因為沒吃過獼猴桃被親戚家的小孩嘲笑……

那些年，我被陽光曬過的臉在一群白嫩嫩的同學中，格格不入，渺小自卑的我，從沒發自內心地笑過。

如果說，高中以前我只是看到了小城市裡貧富的參差，那麼大學，則是我瞭解社會的四年。

大學第一年，父親每月只給我兩千五百塊，又或者一次給我一千元，用完了再向他要。我從小脾氣倔，再加上和我爸不親近，開口要錢就成了一件傷自尊的事情。為了減少頻率，不向我爸要錢，我發過傳單、做過家教，日子過得緊張又憋屈，我發現沒錢真的寸步難行。

偶爾宿舍裡的女孩們相約出去吃飯，我都會在暗地裡計算一下，這頓飯會不會影響到我正常的生活。學校組隊去看展，需要繳納費用，我鼓起勇氣打電話給我爸，他第一句話是：「一定要去嗎？」

金錢的匱乏讓我嘗盡了生活的窘迫，我無暇去顧及青春裡的詩和歌。

別人戀愛的時候，我在想著怎麼賺錢；別人失戀的時候，我在想如何才能擁有正常的生活。於是，我很努力，努力到無能為力的地步。去做牆繪、嘗試自媒體寫作、替音樂人撰稿……

再後來，我在某個平臺上寫文章，因為小清新的校園愛情小說得到了編輯的認可。我擁有了第一篇被雜誌社推薦發表的短篇小說，緊接著是第二篇、第三篇……

就這樣，被貧窮逼迫得不得不跑起來的我，在寫作這條路上，一直走到了今天。

說真的，金錢捍衛尊嚴的時刻太多了。金錢治癒了我太多的矯情時刻。窮怕了的我，這些年理性務實了很多。比起往年，我被無用的情緒擊中，矯情氾濫，我去改社群帳號的暱稱，或者發一則貼文想要引起關注……現在的我，已經學會把時間花費在解決問題上。

因為家庭條件而自卑嗎？那就賺錢，與其自怨自艾，不如改變能改變的，靠自己去闖一闖。因為爺爺奶奶省吃儉用而愧疚嗎？那就多賺點錢，好好孝敬他們。因為到處搬家感到居無定所？那就賺錢，無論多大的房子，買一間寫上自己的名字，再也不用寄人籬下。

這些年，我逐漸坦然，真實面對自己對金錢的渴望。因為窮怕了，我一直逼著自己要有出息。有時候我問自己：每天這樣寫快樂嗎？會感覺疲憊嗎？其實仔細想想，一個自卑敏感的人想要快樂，得找到源頭，讓她不敏感不自卑的源頭。

當然，說了這麼多，我只是窮怕了，吃過太多沒錢的苦，就不想賺到錢了還抱怨什麼。

寫作能賺錢，不算苦，是樂事。

我不想因為錢和誰低三下四，不想因為錢而為難誰，更不想因為錢變成敏感易碎的生物。

再也不想回到過去了。

史蒂芬．褚威格曾經這樣形容過貧窮，他說：「是的，貧窮的氣味是不好聞的，貧窮就像一間位於樓房底層門窗通向狹窄不通風的天井的房間，就像不經常換洗的衣服那樣一定會散發出污濁難聞的氣味。你自己就老是嗅到它，好像你我自身就是一攤臭水。」

一個人在貧窮裡掙扎了太久，大概只有兩種結局。

一種是像褚威格說的那樣，以為自己本就屬於臭水溝，渾渾噩噩一輩子；還有一種則是將對貧窮的厭惡化作成長的內驅力，最終，內驅力轉化為行動力，未來便勢不可當。

我想，我應該是屬於後者。

當我不停地嘗試，不斷地堅持，機會就如約而至。

我在寫作這條路上足足堅持了八年，早起晚睡地寫，不知疲倦地寫，到現在，我已經可以成為一名自由職業者，收入直線上升，我發現無論收入、能力、成就感，都在爆發式地增長。

女孩們，無論你是怎樣的出身，人生都擁有無限可能。

人窮不是最可怕的事情，「心窮」才無藥可醫。所謂「人窮窮一時，心窮窮一世」，但凡你有不服輸的拚勁，你的命運就掌握在你自己手裡。

有時候我問自己：
每天這樣寫快樂嗎？會感覺疲憊嗎？
其實仔細想想，一個自卑敏感的人想要快樂，
得找到源頭，讓他不敏感不自卑的源頭。

人生不完美，曲折亦風景

好友甜甜結婚的前三天，邀我見面。

她給我新家的地址，說是又買了一間房子，目前住在那裡，要我順便去做客。

她到樓下接我，整個人的面貌比去年見面時好很多。

我們聊了很多，聊最多的當然是她的新郎，以及她對未來生活的展望。女孩子眉眼帶笑，提起未來的丈夫整個人都變得溫柔了起來，原來那樣內向敏感的女孩子，在愛情的滋潤下好似換了個人。

一個小時後，我見到了好友口中的完美男友，個子很高，身材壯碩，一看就十分有安全感。甜甜拉起我的手，大大方方地將男友介紹給我認識。簡單地點頭致意之後，甜甜又開始對我開啟「誇誇」模式。

我有些難為情，趕緊制止，沒想到她先發制人：「我這是示意他幫你物色好男人！你看看你，不社交，整天悶在家裡，像什麼樣子？」

不置可否。

我認命地附和，這場人生考卷，別人都答完題交卷了，我連筆都還沒拿起來，的確讓人著急。朋友們看不過去，熱心腸想要牽紅線，我當然要領情。

下午，甜甜要我陪她去做一下臉部保養，化妝師告訴她，做一下保養，可以讓妝容更服帖，從來不做美容保養的她便蠢蠢欲動。

「看來你是真的很喜歡你家那位。」

甜甜白了我一眼，完全沒想到我會說出這麼理所當然的蠢話。只是過了幾秒後，她似乎反應過來，補了一句：「相親當然也有真愛。」

大概是兩年前，甜甜從一段失敗的感情裡走出來後，家裡替她安排的相親便沒有停過。那時她一副聽天由命的狀態，說年紀已經大了，相親就相親吧，如果合適，也沒有理由拒絕。

儘管甜甜說得很是釋然，但語氣裡都是無奈，我聽得出來。彼時的我，對相親深惡痛絕，面對家裡的安排，總是一味拒絕，我看著甜甜這接受的態度，氣不打一處來。

我告訴她：千萬不要妥協，千萬不要！

而僅僅是不到半年後，甜甜在電話裡歡呼雀躍，告知了我在相親時遇到了喜歡的男孩。我聽著甜甜在電話裡跟我說她的戀人，語氣裡的溫柔是藏不住的，並且溢於言表。

那是我第一次在真實的生活中，看到透過相親在一起的情侶，我甚至固執地想著，甜甜一定是和現實繳械投降了，她自己也說過，年齡漸漸大了，需要與一個合適的人進入新的人生階段。

那天做完保養回來的路上，我問甜甜：「是真的心甘情願結婚嗎？還是出於父母的壓力？」

甜甜肯定地回答：「我很喜歡他，他對我很好。」

我這一顆心放下來，再也沒有多餘的顧慮。

甜甜結婚那天，我們在人海中互相對視了一秒，眼睛瞬間紅了，甜甜在為自己找到愛人紅眼，而我呢，為甜甜找到愛人紅眼。

我和甜甜的友誼好多年前就已經建立，我們經歷過彼此人生的最低谷，也都是在差不多的環境下長大，因此更能明白彼此的執著，執著於有一個真正完滿的家庭。

甜甜在小學時便沒了父親，母親一個人拉扯著她，好辛苦。

那時的甜甜也是這樣膚白貌美，只不過性格內向，和別人多說一句話，臉都能紅得像蘋果。我們在無人時交換彼此的身世秘密，在晚自習放學回家的路上一起控訴過命運的不公。

她的語氣總是淡淡的，淡淡地談失去爸爸這件事，淡淡地跟我說屬於她的煩惱，就連提起少年喪父這個話題，她的語氣裡都是淡淡的難過。

那個奔忙於生活的男人，對她用了全部的愛，卻沒有機會給她陪伴。以至於當她爸病逝之後，她的痛感也是遲鈍的，沒有歇斯底里，只是在一些情緒上湧的深夜，突然悲從中來。

原來自己後來的人生，再多喜悅和憂愁，都沒有機會和那個男人分享了。

幸運的是，甜甜在國中時，又擁有了一個完整的家庭。

你沒看錯，是完整的家庭。

她的母親和曾經的初戀再次相遇，兩個人都已恢復單身，於是不再等待，重新組成了家庭。在這個新家庭裡，甜甜的母親被尊重、被優待，甜甜也擁有了一個新的父親。這個新父親，很好，好到我和甜甜每一次聊天，總會感嘆，命運對我們多有垂憐，給了我們人生重啟的機會。

我們在幼時飽受了各種眼光，也曾對未來大失所望，但是愛很神奇，愛有讓人重新出發的魔力。內向敏感的甜甜後來變得樂觀開朗，她的繼父就像親生父親一樣待她，讓她去最好的學校讀書，讓她盡可能往上走。

在婚禮的這一天，甜甜抱緊了臺上的父親，她含著熱淚說了一句「謝謝爸爸」，一股熱流倒灌進入鼻腔，眼淚幾乎抑制不住。

我看著臺上年過五旬的男人，靦腆、害羞，不多言，卻由衷感嘆對方真的是一個良善溫柔的人。他讓一對原本孤苦的母女有了家，過著優渥的生活，並且有足夠的胸懷，十年如一日貼補甜甜親生父親的父母，至純至善，人間難尋。

書上說：「人生無完美，曲折亦風景。」

我和甜甜都在重組家庭長大，也擁有過共同的少女心事，我們渴求幸福的家庭，渴求飽滿的溫情，成長道路上，不知道多少個夜黑之時陷入過無邊落寞，只是，我還是想說沒關係，先苦後甜，甜才更甜。

咬咬牙，熬過去，意想不到的驚喜就在拐彎處等著我們。

人生苦短，卻又不妨礙我們從中汲取甘甜。

若眼下的日子不好過，請先學著珍惜每一份小小的喜悅和感動，生活會獎賞那些咬牙前行的人。

那個奔忙於生活的男人，
對她用了全部的愛，卻沒有機會給她陪伴。
以至於當她爸病逝之後，
她的痛感也是遲鈍的，沒有歇斯底里，
只是在一些情緒上湧的深夜，突然悲從中來。
原來自己後來的人生，
再多喜悅和憂愁，都沒有機會和那個男人分享了。

做真實的自己，更需要勇氣

阿刁是一個少根筋的人，至少在我認識的男性朋友中他是。

之所以說他少根筋，是因為他一天到晚傻乎乎的，明知道女友去意已決還是不遠千里跑去挽回。可是結果呢？在去挽回的當晚，他看到女友已經牽著別人的手去了社區樓下的火鍋店。

阿刁在火鍋店門口，沒勇氣進去，也沒有掉頭就走。他就看著那對情意綿綿的男女，他窩囊死了，但他沒有勇氣當面戳穿，而是掏出手機對著對話框回了一句「好的」。

回來那天的下午，阿刁換了手機卡，甚至把情侶款的手機都放在網上賣了，他收到錢的下一秒便打電話給我，說要請我吃炭烤，他說要自帶一份花生米，再配上一手啤酒，這樣才能借酒消愁。

借酒消愁向來是暫時逃避問題的方法，那天晚上阿刁全程都在說過去有多美好，隻字不提要放下，我勸了幾句，發現對方沒打算走出去，於是啞然，只能和他碰杯，希望時間能淡化他的痛苦。

那頓酒以後，我和阿刁繼續忙著各自的工作，我沒在社群網站再看到阿刁更新動態，他的帳號也冷清了許多。我猜想借酒消愁有用了，阿刁是個乾脆的男人。

直到半年後，我入職了新公司，當了主編，阿刁的電話再次打來，他問有沒有合適的文案工作，女友最近在找工作。

那個女友不是旁人，正是以前腳踏兩條船的前女友。

許多細節不必深究，感情的事就像周瑜打黃蓋，她願意打，他願意挨，旁人說不了更多。

我禮貌地回覆了阿刁，只說等有合適的職位就會推薦，便沒有再說更多。

就這樣，在日子波瀾不驚過去了大半年的時候，阿刁再次主動傳訊息給我：朋友，我要去深圳了，走之前喝一杯？

我們約在一個生意火爆的熱炒攤，兩個同樣小地方出來的人，坐在熱炒攤裡說人生，似乎更合乎心境，那裡有太多年輕人推杯換盞，一遍遍，那碰撞的響聲彷彿夢想破碎的聲音。

阿刁還是那個阿刁，不過和記憶裡的完全不同：瘦了，精瘦，皮膚也變得黝黑，不苟言笑。那個為了給女朋友買生日禮物而辛苦打兩份工的少年，現在就像金庸小說裡以為姑姑失蹤了的楊過，滿臉鬍渣，一臉衰樣。

我就算不問也知道，這哥們兒和「白月光」又分手了。

「你這一次兩次都行，但是三次四次都栽在同一個女人身上，實在讓我沒有想到。」

阿刁苦笑，他拿開頭頂上的鴨舌帽又重新戴上去，似乎是想掩蓋自己的無措。在霓虹閃耀的城市裡，眼前這個二十七歲的男生表情苦澀，眼裡無限落寞。

我當時就在想：人一遇到感情，真窩囊！

在這個迷茫的時代，有人不需要愛情，只要在社交軟體上「撩騷」，就有大把大把美好的身體投懷送抱；有的人為愛情掏心掏肺，對方還是說走就走。

我見過很多和阿刁一樣痴情的年輕人，他們在感情裡很認真，他們只想談一場能夠牽手回家、歡天喜地見爸媽的戀愛。

我告訴阿刁：「被分手很正常，不丟人，以後越來越成熟，就當是成長了。」

阿刁沒有接話，點了一根菸，狠狠吸了一口。這段戀愛長跑當然不能只當作成長中輕飄飄的一環，他從少年的十七歲成長到二十七歲，十年，曾經的愛情信仰，一次次修補，縫縫合合數次，最後還是漏洞百出。他怎麼可能不大傷元氣？

我看著阿刁，許多安慰的話到了嘴邊卻沒辦法說出口。

談戀愛是一種賭博吧，在結果出來之前，在沒經歷過滿盤皆輸的結局之前，總覺得雙方彼此相愛，是靈魂契合相伴一生的存在。

可是真的無所畏懼地付出之後，冷漠、揣度、傷害、試探、背叛……以前一千次的歡喜，存留在記憶裡成了一萬次的低頭嘆息。

阿刁不敢賭了，他不是個拿得起放得下的人。上飛機之前，阿刁冷不防刺激我：

「你一天到晚標榜單身，你其實很寂寞。」

他打開我的社群頁面，用嘲笑的嘴臉給我看我自己的貼文。

越看越假，越看越心虛，我連反駁的餘地都沒有。

下班拍的夕陽晚霞，配一段矯情至極的文字；莫名其妙的雞湯以及最近喜歡上的偶像高畫質照片；就算是吃一頓飯喝一杯咖啡也忍不住發個文……

生活的壁壘和心裡的壁壘，一層層疊加起來，彷彿告知所有人我獨身的美好，我的豐富、我的充實。

但我自己知道，我其實空虛得要命，我的生活枯燥空乏，交際圈狹窄，我渴望被關注、被有共鳴的人懂得，我上一秒矯情下一秒理性。

我比任何人都渴望愛，我渴望穩定、堅固、無懈可擊的親密關係；渴望遇到一點點受挫的事情就有一個大大的懷抱毫無保留地包裹我；渴望在冷漠的人群中，有人自然而然牽我的手，不需要言語，不需要觀察對方的臉色。

我們迎著輕柔的風，聽最好的歌，悠哉悠哉，不擔心前路，不在過往中困頓，好像離不開彼此一分一秒。

但是我遇不到，我遇不到，我見過的感情，經歷的感情通通沒什麼好結果，變心很容易、誘惑很多。

我很悲觀，我不信這世界上有可以恆久忍耐不會被推倒的關係。所以我先投降了，投降給易碎易變的人心。

我為了看起來凜冽些，看起來理直氣壯些，看起來瀟灑俐落些，我先昭告天下：我一個人也可以生活得風生水起。

從某種意義上來說，我真的比阿刁懦弱多了。

和他不管不顧跑去挽留遠距離女友的姿態相比，我簡直弱到太平洋了，他不明智，而我不勇敢，我其實心裡有一個放不下的人，我只是不敢打探。

幾年前，我用我的言行舉止告訴我很喜歡的人：你想走就走，我無所謂，也不強求。

我用我的偏執和驕傲，把喜歡的人推開，最終自己變成了一個膽小鬼，
就連最真實的遺憾，也遮遮掩掩。

以前讀書，在高臺樹色的《白日事故》裡有一段話讓我印象很是深刻：「十幾歲的人說出的情話不是情話，只是，昨晚夢到了你，清晨起來，蟲鳴鳥叫，餐桌上有一盤草莓，挑了一顆最好的，在放進嘴巴之前，忽然想要拿給你。於是拿給你。不辭萬里。」

或許所有的愛不得、求不到，都應該有一份清晰的表達，至於結果是好是壞，都不再重要，重要的是，這是成全自己的過程。那個人的回應已經不再重要。

阿刁做到了，即便對方根本不值得，那也是阿刁自己的選擇。

我不像阿刁那麼勇敢，但或許今天之後，我要思考，如何變成一個勇敢面對自我真情實感的人。

談戀愛是一種賭博吧，
在結果出來之前，在沒經歷過滿盤皆輸的結局之前，
總覺得雙方彼此相愛，是靈魂契合相伴一生的存在。
可是真的無所畏懼地付出之後，
冷漠、揣度、傷害、試探、背叛……
以前一千次的歡喜，
存留在記憶裡成了一萬次的低頭嘆息。

輯六

愛自己才是上上籤

愛自己是人生的必修課

越長大越覺得，喜歡自己是人一生中最高級的能力。這種能力一旦獲得，將避免百分之九十的內耗，也將趕走大多數的不開心。

在我還是個孩子的時候，我就不喜歡自己。

沒有別的原因，因為喜歡我的人太少了，爸爸不喜歡我，媽媽也不喜歡我，鄰居們的眼神裡沒有喜愛，全部都是憐憫。

我根本不知道怎麼找尋自己的優點，找到自己值得被喜歡的地方，我為此大受打擊。

十四歲時，家裡擁有了一個可以照見全身的鏡子，我洗完澡在氤氳水汽中，第一次打量自己，眉眼寡淡，皮膚黝黑，瘦弱，鼻翼兩側是星星點點的雀斑，細小卻肉眼可見，而因為天生髮質不好，發色顯黃，整個人更加顯得沒有精神。

那一天我確定自己不漂亮，或者直接點說，我承認自己生得醜陋，我無法直視鏡子裡的自己，甚至開始時不時問爺爺奶奶，為什麼我不綁頭髮，為什麼我的皮膚那麼黑，為什麼不給我穿裙子。

或許是察覺到了我的不安和渴望，有一陣子，爺爺奶奶在去市集時會留意小女孩喜歡的衣服和飾品，我興高采烈拿著他們給我買的髮夾和裙子去鏡子前比對，我哭了，哭得好大聲。

我發現自己更醜了，沒有長長的黑色頭髮，沒有雪白的皮膚，也沒有出挑的五官，我這樣的小孩穿粉色裙子，戴粉色髮夾，一眼看過去就像個跳樑小丑。

從那以後，我再也沒有在穿著打扮上用過力，粉色是我再也沒有嘗試過的顏色。我死心了，並且把「變漂亮」這件事定義為我人生路上最不可翻越的大山，我決定在別的地方努力。

我開始有意識地去做一些能夠改變的事情，不做徒勞的掙扎。

比如好好學習，比如多讀書，既然裝扮不了外在，我就武裝大腦。

在書店如饑似渴閱讀的那幾年，是我和我的容貌焦慮鬥爭的幾年，盡量忘記自己不好看這件事，在文字裡尋找一種內心的沉靜，不再對外表過度關注，同時將注意力轉移到別的地方。

現在看來，這個想法並不幼稚可笑，從結果來看，甚至有一點成功。

我不喜歡我自己，不喜歡自己的出身、家庭、容貌、性格，也常常討伐這樣的自己，但隨著歲月的洗練，外在沒有變漂亮的我，內裡似乎深深有了根，寫作讓我被看到，不是妝容、服飾、長相的突出被看到，是能力突出被看到。

這對我而言，無疑是一種莫大的獎賞，是我想都沒有想過的殊榮。

我在很久之後的今天問自己：

你還是不喜歡自己嗎？

答案已經不再如當初那般，多少已經有了一部分的肯定。

我好像一直都在攻克「愛自己」這個人生課題，不在被愛裡找尋自我價值，而是透過自己的體驗、閱歷，去彌補和成全自己。

我愛自己的高敏感，這讓我更容易寫出細膩的文字；我愛自己的古怪，不合群又有些莫名的固執，這讓我特立獨行，避免了千篇一律的樣子；我愛自己的感性，這讓成年後的我依舊忠於內心，保有一份難得的詩意和浪漫。

忘記在哪裡看過這樣一句話：「你這輩子的劇本，你上輩子在天堂早已經看過，之所以這一生的劇本那麼爛還會選擇，是因為一定有它值得的地方。」這句話被我記到現在，偶爾翻出來回味，會從裡面找出一些零碎的甘甜。

人生的腳本當然不會完美，怨天尤人也只是原地踏步，不會讓生活好起來。我哪兒都不好，卻還是得到了爺爺奶奶盡可能的愛，我不喜歡我自己，甚至時而自我否定，但是爺爺奶奶從來不吝嗇誇獎。

過去沒能得到的關注、認同，在我成年後，全部返還。陌生人因為文字跟我有所共鳴，可愛的讀者因為文字跟我建立聯結，我得到更多的喜愛，也因此重新認識自己。

天啊，二十八歲的我還是不漂亮，一如既往的不漂亮，膠原蛋白流失了很多，皮膚衰弛，因為常年寫作深度近視，戴上眼鏡真像個小老太太，和十四年前的豆蔻女孩相比，已經有了肉眼可見的老態。

但我身上已經流露出一種承擔和坦然，堅定和勇敢，那是皮囊帶不來的，是精緻的穿扮給不了的，我自始至終沒有變美，卻自始至終在走向綻放。

或許我永遠也無法完全滿意我自己，我總是有新的焦慮、新的不滿意，但早就不再是因為容貌，不再是因為鼻翼兩側的雀斑。

而是一些看不到摸不著的東西。比如間歇性的內耗，比如偶爾的沮喪，比如時不時地想要偷懶……

如果可以替喜歡程度打分數，我應該會給現在的自己打九十分，還有十分，留給每一次的進步，每一天的成長。

如此，我才能時時保持謙遜的態度，反省、鞭策自己，愛更好的自己。

朋友，愛自己是人生的必修課，我們不必拿滿分，也很難拿滿分，成長的路上，只要你能每天多喜歡自己一點點，就一定會受益終身。

但我身上已經流露出一種承擔和坦然，
堅定和勇敢，那是皮囊帶不來的，
是精緻的裝扮給不了的，
我自始至終沒有變美，卻自始至終在走向綻放。

愛是兩個獨立人格的雙向奔赴

朋友被冷暴力了。

在快要訂婚的時候，被男友冷暴力一週。電話不接，訊息不回，整個人就像人間蒸發了一樣。朋友撥了視訊電話給我，斷斷續續講了來龍去脈，整個人都在崩潰的邊緣。

朋友的這段戀情，是在二十七歲這一年開始的，那時她被家裡催得不行，恰逢遇上了現在的男友，有一點心動，於是很快便答應。兩個人迅速陷入熱戀，當然，也迅速進入了倦怠期。吵架、冷暴力都是常事，好多次朋友跟我訴苦，嚷嚷著分手，但最後都是得過且過。

我沒有關注別人戀情的習慣，偶爾聽到一些感情上的事，也只是附和著控訴的一方，不願意多做評價。不是冷漠，而是這事經歷多了，也就清楚情侶們之間的反覆。

大多時候，他們十次說分手，大概只有一次是真的，雖說「旁觀者清，當局者迷」，但道理總歸是道理，即便旁人分析得頭頭是道，自己了然於心，可戀人一旦低個頭或是用輕言細語哄一哄，感情就會重歸於好。

這個朋友，我終究是沒忍住，勸她分過好多次。

印象中，我和他們一起吃過飯，那時二人剛確定了關係，請了一幫友人吃飯，女生怕尷尬，把我也拉去參加。那頓飯難以下嚥，如果不是為朋友考慮，我可能早就離場。男生在共同朋友面前，毫不掩飾地批評我這個朋友的妝容和穿搭，話裡話外無不充斥著優越感。我看到她埋得越來越低的頭，好幾次想掀桌子開口大罵。

一個男生，他當著那麼多人的面貶低、否定自己的戀人，不懂尊重，他就不會是好的伴侶。更別談以後結婚生子，幸福美滿共度長久的一生。

那天，我很認真地告訴朋友，對方並不是適合結婚的人選，要她好好想清楚。

朋友沉默了好一陣子，理由還是沒變，她說年紀大了，這個不行，下一個未必就好，不敢放手。我該說的話已經說完，剩下的全憑當事人決斷，作為朋友，只能尊重、理解，無法代替她去做決定。

很多時候，我們喜歡一個人，總以為做什麼都不為過，摘星星摘月亮，恨不得把心掏給他看，只覺得這樣才能表示真心。但其實，一段好的親密關係，能讓原本殘缺的人格在這段親密關係中得以健全，兩個人探索自我，完善人格。

我還是建議女孩子們，能夠像對待喜歡的人那樣對待自己，把對戀人的耐心、寬容和認可，更多一點分給自己。

你能寬容喜歡的人，為什麼不能試著對自己寬容？

你能欣賞喜歡的人，為什麼不能試著欣賞你自己？

你能肯定喜歡的人，為什麼不能試著肯定你自己？

你善於發現對方身上的優點，為什麼不試著找找自己的閃光點？

你鼓勵喜歡的人追求夢想，那為什麼不記得同時把自己的夢想點燃？

你對喜歡的人有所要求和希冀，那你為什麼不對自己有所要求和希冀？

相反的，你欣賞對方，對方卻總是貶低；你寬容對方，對方卻總是不以為意；你遷就對方，對方得寸進尺……你的人格可能會因為這段戀情更加不健全，乃至扼殺了你原本的優勢。

很多時候，從愛人對你的態度，可以看到你對自己的態度。而所有的態度，都因你自己允許。

如今，很多人的戀愛都是畸形的，人格殘疾卻在以戀愛之名索取和自我感動式犧牲，根本不是健康的愛。

很小的時候，讀過舒婷的一首詩——〈致橡樹〉。

詩裡有一段，我至今都能背誦出來：

我必須是你近旁的一株木棉，
作為樹的形象和你站在一起。
根，緊握在地下；
葉，相觸在雲裡。

每一陣風過，
我們都互相致意，
但沒有人，
聽懂我們的言語。
你有你的銅枝鐵幹，
像刀，像劍，也像戟；
我有我紅碩的花朵，
像沉重的歎息，
又像英勇的火炬。

一直覺得，美好的愛應該是如同木棉和橡樹的關係，是兩個獨立人格的雙向奔赴，各自強大，卻又比肩同行。

朋友，當你在一段感情中，一味地委曲求全，一味地被否定，打壓，你的自信、自尊、自我，很可能也消失殆盡，最終導致嚴重的人格缺陷。別誤把討好當作愛情，也別誤把索取看作應當，獨立的人格才是一段健康戀情的基石。

很多時候，我們喜歡一個人，
總以為做什麼都不為過，摘星星摘月亮，
恨不得把心掏給他看，只覺得這樣才能表示真心。
但其實，一段好的親密關係，
能讓原本殘缺的人格在這段親密關係中得以健全，
兩個人探索自我，完善人格。

得償所願，是再美好不過的詞

很早以前就有過寄人籬下的感覺，因此，我非常渴望擁有自己的房子。這份渴望裡有著一份旁人難懂的偏執，偶爾和別人提及，別人也很難感同身受。

父母在我很小的時候便離異，長到可以獨自坐巴士的年紀，我就開始背著書包，在父母各自的家裡輾轉。

那些年，書包裡總是放著三個煮熟的雞蛋和一本書，三個雞蛋是奶奶放的，不知道她是從哪裡聽來的說法，孩子出遠門，三個雞蛋能保平安。

書則是我自己放的，我在途中總是感到畏懼，年紀太小了，就算被鄰座壓到了衣服，就算前座的座椅向後靠到了我的膝蓋，我都不敢吭聲。這種情況下，讀書是最好的，我完全沉浸其中，不管周遭的環境如何，自有自己的一番天地。

我母親在我十多歲的時候再婚，結婚前就和男方約定，不要孩子，再加上兩個人都經濟獨立，所以婚姻比旁人的順遂許多。

大概是五六年級，一直不聯絡的母親來找我，我們面對面站著，卻認不出彼此，還是學校警衛室的警衛爺爺過來告訴我，他說：「孩子，她是你媽。」

那是個乍暖還寒的春天，陌生的女人叫著我的名字，語氣裡都是憐愛，憐愛到我無所適從。她很漂亮，比我們小城市裡的女人都美，大波浪，風衣長至腳踝，一雙眼睛深邃明朗，根本尋不到一絲的憂愁。

我們在那一天相認，我也在那一天第一次吃到了奧爾良烤雞翅。她說你太瘦了，她說著說著就哭了起來，但我吃得正開心，根本理解不了她的情緒。

「你怎麼現在才過來當我媽？」

她明顯被我的問題問倒了，幾秒後開始一番解釋，不過我聽不下去，完全聽不下去。我只知道，她確實沒在我需要的時候在我身邊，我也習慣了生活中沒有媽媽。

她問我恨不恨她，我說不恨，她先是喜極而泣，而後又問我是不是在安慰她，那表情我至今記得，眼角的黑色眼線隱隱被淚水浸潤，微微花了，但還是很美。

「我不是安慰你的，我真的不恨你。」我望著她的眼睛，鄭重地給了她答案。

她這才放下心來，把眼淚擦乾，跟我安安穩穩吃了頓飯。

我確實是不恨我母親的，因為腦海中沒有有關她的記憶了。

曾經擁有再失去，或許能夠感到怨恨，但是我從沒有觸碰過，又談什麼恨意呢？所以很小的時候我便有些奇怪，怎麼電視劇裡被母親拋棄的孩子恨意那麼強烈，為什麼我沒有？

我後來仔細想了想這個問題，大概是，爺爺奶奶從小就沒有引導我什麼，而我因為少有人愛，在那幾年裡又經歷了父親再婚，弟弟的降臨，所以太渴望多一個人愛我了。

於是我輕而易舉原諒了對我不管不顧十多年的母親。我在想，多一個人帶我吃大餐，多一個人給我零用錢，減輕爺爺奶奶的負擔，母親心裡好過，我的生活也能變好，為什麼要拒絕呢？

我才不拒絕。

從此，我就開始面對另一個家庭，母親重組的家庭。

母親家在大城市，叔叔不愛說話，家裡有一個規矩頗多的老奶奶，她人很好，但講話嚴肅，眼神犀利，和我的親奶奶相比，似乎面目兇狠了點。

我起初是一年去一次，而後是一年一到兩次，我很少主動過去，對於那個大城市的印象停留在聽不懂的語言，停留在好像在嘲笑我的竊竊私語裡。

在那裡，我總會時不時地面臨一些難堪。比如我要穿品質好一點的鞋，要穿不讓母親丟臉的衣服，否則即便到了母親家裡，母親也會半開玩笑地說我丟了她的臉。

我在母親家裡大多時候很拘謹，我不敢打開任何一個抽屜，不敢主動去拿零食，更不敢坐姿不好看，隨意在沙發上斜躺。

儘管母親多次跟我說，要把那裡當自己家，但是爺爺奶奶的囑咐言猶在耳：「要懂事、要聽話、要規矩，不然被人家說沒有教養。」

我小心翼翼，就算是在母親家裡，也沒有絲毫的歸屬感。和朋友通話，聊在大城市的感受，我發現我的語言駑鈍。

「我在我媽家很好，我媽家在七樓，我媽家……」

是的，不是我家。

這種無措好幾次侵襲我，讓我感到一陣失重的無力感。

當然，在母親家裡的無措，在父親家裡也同樣會發生。尤其看到父親重組的家庭沒有我的房間，到處擺滿了他們一家三口的照片，卻沒有關於我的蛛絲馬跡。

我在想，這個世界其實沒有一個角落是完全屬於我的，我也沒有被任何人放在心上過，被排除在父母各自的家庭之外，原本屬於我的，早就不復存在。

買房的念頭正是在此間瘋長。就算扒了層皮，花費所有的力氣，我也想要擁有自己的房子，我要在牆上掛自己的照片，在臥室擺上一張溫馨的大床，我還會擁有專屬女孩的衣櫃，櫃子裡都是我自己愛穿的衣裳。

抱著這樣的決心，我在畢業後很努力賺錢，二〇二一年九月，我願望達成。兩房一廳，畢業後存的錢都花在頭期款上。

過去挑燈伏案的光景還歷歷在目，熱流湧動，但不是辛酸，是一種真正的自我認同。

很不幸，我趕在了房價的高點，這事現在聊起來，我爸還說我心太急了，責怪我沒再等等。雖說看似冤大頭，但是那種急不可待的迫切和喜悅，我至今都覺得無價。

我按照自己的喜好裝修自己的房子，陽臺被我打造成了辦公角落，還有一間房原本也考慮打造成專門的書房，但是考慮到爺爺奶奶會跟我一起生活，所以放棄了這個想法。

兩房一廳一衛，小小的房子承載了我多年的渴望。說真的，我今天突然覺得，「得償所願」真的是個再美好不過的詞，那裡有期待成真，有不撲空的踏實，有我踩著刀尖變耀眼的證明。

住進來的那一晚，我失眠到了凌晨一點多，欣喜是真的，落寞也有，除了和我的讀者朋友分享，這份心底的渴望我不知道如何跟身邊的人分享。

我的願望被小心翼翼地托住了，神明也聽到了我的心聲吧。

當夜，月光如華，灑在陽臺的地毯上，我第一次感受到溫溫柔柔的圓滿和心安。

她問我恨不恨她，我說不恨，
她先是喜極而泣，而後又問我是不是在安慰她，
那表情我至今記得，眼角的黑色眼線隱隱被淚水浸潤，
微微花了，但還是很美。
我確實是不恨我母親的，
因為腦海中沒有有關她的記憶了。

學不會放下，就無法輕裝上陣

弟弟是在中秋前一天出生的，凌晨三點多，父親打來電話：四千克的胖小子，母子平安。

家裡的其他人也都循聲而來，腳步急促，隨之而來的是爽朗的笑聲，笑聲此起彼伏穿插著，在一個寂靜的晚上響徹了整個庭院。

我一個人躲在院門後面，僅僅是聽到那些笑聲，眼淚就不受控地下墜。他們聊了好一會兒，聊到我控制不住情緒開始大哭，他們終於注意到了我。

姑姑快步走過來把我拉到懷裡，輕聲安撫著我，一旁的爺爺收斂起表情，全家人也都識趣地沒再吱聲。

電話裡，爸爸還在滔滔不絕，我

聽得清晰，他說讓媽多待幾個月吧，需要人照顧。很顯然，那時的父親已經忘記了老家還有他的另一個孩子需要人照顧，他滿心滿眼只有剛出生的兒子。

隨著父親的話音落地，爺爺的呵斥聲在屋子裡響起，呵斥他一心只顧著兒子，呵斥他不懂得考慮女兒的感受。

父親在後知後覺中意識到什麼，要爺爺把電話交給我，他說：「女兒，爸爸一定會公平，不會讓你受委屈的。」

我幾乎不能停地哽咽著，碩大的悲傷侵襲而來，像是又回到父親再婚的那個晚上，他也如此跟我講話，語氣溫柔，跟我保證了許多，我信以為真。

但時間給出了答案，真實的答案。

他再婚後不再以我為重心，在我的生活中幾乎消失，只在逢年過節回來一次。一週一次的電話不再打，不聞不問我的成績，我總是落寞地等待著他想起我。

所以我無法再相信他說的了，他說會公平對待我和弟弟，語氣鄭重，但我已經經受無數次期待落空的感覺，我只覺得他的保證輕飄飄的，大概是無法站住腳了。

那是我童年裡最無助的時刻之一，也是我對父親長久失望的開始。

此後的每一天，我都覺得被丟棄，所剩無幾的關注被剝奪，我有了夜裡抱著枕頭哭的習慣，偶爾照著鏡子自憐，問自己還有誰會愛我。

晦暗和陰鬱在我心裡埋下種子，不快樂在童年的上空永久駐紮，直到我二十八歲這一年，我還在想盡辦法和童年的我握手言和。

不過我還是慶幸的，上帝在關上一道門時，偷偷為我開了一扇窗。集萬千寵愛於一身的弟弟，像是我荒蕪人生中的一抹新綠，朝氣蓬勃，給我帶來新的生命力。

起初我糾結、矛盾，發誓一定要和他保持距離。可他喜歡我，就像有魔力一般，我知道他喜歡我。在襁褓中哭鬧的他，會因為看見我咧著嘴巴笑；半夜睡不著的他，聽我唱的小星星卻能睡得安然。長大了一點，會說話了，他叫我姊姊，只跟著姊姊，像個跟屁蟲一樣，甩也甩不掉。他那麼小，那麼可愛，那麼純潔無瑕，有一塵不染的心靈，潛移默化中就把我淨化。

於是在某個很普通的日子裡，在很普通的夜晚，我放下了所有的戒備，下定決心用全部的真誠向他敞開心扉。

雨果說：「人生下來不是為了拖著鎖鏈，而是為了展開雙翼。」

當我決心放下，這份情感也即刻被洗禮和昇華，我擁抱了弟弟，也擁抱了更有溫度的人生。

毫不誇張地說，弟弟是我人生中少有的一束光。他比父親更加細膩，隨時察覺到我這個姊姊的委屈，會代替我跟爸爸爭取更多的愛。

大學時，他會奪過爸爸給我的零用錢數一數，然後非常嚴肅地告訴爸爸：姊姊的零用錢不夠用，你必須再給她一些。

他會在春節把壓歲錢整整齊齊折疊好放進裡面衣服的口袋，偷偷把我拉到一邊，告訴我：這些都是你的，我要全部給你。

他還是唯一一個半夜起來提醒我喝中藥的家人。

我記得有一晚，還是六七歲的弟弟問過我：「姊姊，為什麼我的媽媽不是你的媽媽，但我們卻有同一個爸爸？」

我說：「因為我的爸爸和媽媽離婚了，我的媽媽是我的媽媽，你的就是你的，但我們有同一個爸爸也蠻好的。」

那一年，我還是個高中生，言辭匱乏，對家庭關係的解釋駑鈍。但只是解釋那麼一次，他似乎就懂了我和他有著怎樣的不同。小小的他似懂非懂，卻還是下意識更加用力地抱緊我，他說：「沒關係，我喜歡你這個姊姊。」

我所有的反抗、叛逆，對新家庭的反感，就是在那一刻敗下陣來。我太需要飽滿的愛意了，如果不去排斥我就會得到新的愛意，但是一味反抗，我可能一無所有，甚至永遠躲在那個陰暗的地方走不出來。那為什麼，我不選擇前者？

人生漫漫，倘若總是困在原生家庭的枷鎖裡，結局大概只有萬劫不復。弱小的我不斷自我療癒，自我調節原生家庭帶來的傷害，讀書、寫作、看世界，終於擁有了自己的生活。

很多年後的今天，我陪著弟弟在商場裡閒逛，路過一家店面，他指著櫥窗裡的白色長款大衣，欣喜地說好適合我姊，我方才知道，愛才是答案，新的親密關係才是答案。

所謂的擺脫原生家庭的桎梏，或許並不是從原生家庭那裡找回什麼，而是學會自我重建、自我修復，從別處建立親密關係，進而得到某種彌補和成全。

朋友，不要再盯著原生家庭帶來的痛苦度過每一個長夜，學會放下，方能輕裝上陣。

花更多的時間去專注自身吧，更好的你自己，才能擁有更好的親密關係。親情、友情、愛情，無一例外。

所謂的擺脱原生家庭的桎梏，
或許並不是從原生家庭那裡找回什麼，
而是學會自我重建、自我修復，
從別處建立親密關係，進而得到某種彌補和成全。

愛和信任是兩碼事

夏天快要結束的時候，母親為我安排了一場相親。

對方是大城市長大的，年紀和我一樣大，在機場工作。

母親在電話裡對男孩讚不絕口，說對方個子高，皮膚白皙，工作穩定，是我打著燈籠也找不到的適婚青年。

她特意跟我強調，男孩家在大城市有兩間房子，嫁過去，生活水準會比現在好很多。母親在視訊電話中眉飛色舞，止不住暢想未來，就連生幾個孩子，如何帶孩子，去哪個學校讀書，都做了美好的憧憬。

我一直蹙著眉頭，靜靜看著母親，她太高興了，高興得讓我不忍心打破她的憧憬。我其實能明白她在想什麼，早在我大學畢業之前，母親便要求我畢業後到大城市求職。

她跟我說大城市遍地都是機會，如果想有出息，就一定要去闖一闖。再者，到了那裡之後，我不需要考慮租房問題，和母親一家住在一起，這簡直是別人夢寐以求的畢業選擇。

當時的我，也是這樣看著母親，同樣眉飛色舞的她，在我冷靜地拒絕之後突然崩潰，她問我是不是不想和她一起生活。

我頓了頓，一個「是」字卡在喉嚨裡，思慮一秒後又換成了溫柔一點的表達。我告訴她，大城市很好，但我和它格格不入，不是我這樣性格的鄉下女孩可以適應的。我可以常去看她，但卻不能為了她把爺爺奶奶都留在老家。

為了撫平她的情緒，我還跟她保證，我也不會離父親太近，我會在一個距離折中一點的城市找工作，不會厚此薄彼。

如今的狀況，和那時可以說如出一轍。

母親盼望我在她生活的城市結婚生子，父親盼望我在他生活的城市結婚生子，而爺爺奶奶知道我父母的想法後，大聲呵斥：「小的時候不盡責，有出息了都想著要孩子養老。」

大概是這兩年吧，我明顯感覺父母對我的需要感一下子爆發了，他們一個面臨失業，一個身體有恙，兩個人都開始希望我能夠陪在身邊。

於是，極為戲劇化的一幕發生了。

他們開始小心翼翼地試探我的想法，並且極力為我尋找他們所在城市裡的優質相親對象，萬一我和對方對上眼了，留在某座城市就變得理所應當。

其實他們不知道，我曾在很多個凌晨思考過未來，這樣的未來裡，有多種可能。也許會結婚，也許一直遇不到對的人，那麼，不結婚也行。

至於在哪裡安家，我從來沒有過確定的想法，如今的一切想法，買房、裝修，甚至浴室裡要不要放上防滑墊，我都是出於對兩位老人的考慮。

如果，我是說如果，如果有一天，爺爺奶奶沒有敵得過時間，我想我也許會在某個臨海的小城市，買一間大套房，自己獨自生活。

我長這麼大，還沒有見過海，也沒有縱情地享過樂，我背負著別人的期待，背負著重如山的自尊，背負著不平等和偏見，真的疲憊很久了，我只是沒辦法直白地向他們表達出來。

身為女兒的職責，我想我會盡我所能的，但我終究也有自己的人生，自己的追求。

我對父母子女的關係，一直都是在獨自探索，不一定全對，但書看多了，也就明白我的父母對我的期待亦不是健康的、正確的，當母親第一次要求我丟下一切照顧她，當父親第一次為了他的小家庭跟我借錢買房，當時孤立無援的我，剛剛邁入社會的我，感到了前所未有的惶恐和失望。

被忽略、被漠視的孩子，突然有一天能派上用場，於是又被重視了，說真的，我一度感到迷茫。

誠然，如今的我已經和父母和平相處，越來越獨立的我擁有了越來越大的話語權，儘管我們不生活在一起，卻能夠保持一定的聯繫，我和父親回歸到正常的相處模式，和母親多在網路上交流溝通，更像是朋友。

只是這種狀態，它並非不變，多的是堆積如山的陳年舊事，多的是爛帳可以往前翻。如果未來有一天，他們再一次忽略我的感受，對我進行剝削、索取，我沒有信心保證自己還會雲淡風輕。

米奇·艾爾邦在《在天堂遇見的五個人》中寫：「所有的父母都會傷害孩子，誰都沒有辦法。孩子就像一只潔淨的玻璃杯，拿過它的人會在上面留下手印。有些父母把杯子弄髒，有些父母把杯子弄裂，還有少數父母將孩子的童年摧毀成不可收拾的碎片。」

我在想，我的某一部分已經原諒了他們，但原諒和完全的信任又是截然不同的兩碼事，我也愛他們，但愛和毫無保留的付出也是兩碼事。

我在最需要依偎的年紀沒有得到庇佑，以後就再也不需要了。至於和他們中的任何一方住到一起，對我而言都是負擔，充滿了壓力。

獨立出來，一個人生活，時常探望，就是最好的相處模式。

當母親第一次要求我丟下一切照顧她
當父親第一次為了他的小家庭跟我借錢買房，
當時孤立無援的我，剛剛邁入社會的我，
感到了前所未有的惶恐和失望。

致三十歲的自己

你好呀，三十歲的安妮。

三十歲時，你的筆名還叫安妮嗎？也許你又有了新的名字？

不過沒關係，名稱只是一種符號，我知道你從來不在意流於形式的東西。

現在是二〇二二年的秋天，寫這封信給你的時候，我猶豫不決，醞釀很久，不知道如何寫下開頭，才能免於俗套。

幾次嘗試後，我有些氣餒了，於是站在陽臺上吹了一會兒冷風，這才重新坐下來，寫了點東西。

今年我二十八歲，穿著看起來成熟的衣服，做看起來成熟的事情，我經濟獨立，也擁有了人生中的第一間房子。

唯一美中不足的是，我還沒有結婚，這成為我當下最大的困擾。

我原本不想寫這封信給你的，因為根據我的經驗，我現在苦惱的問題，兩年後可能自動揭曉答案了。

依稀記得，我在二十五歲的年紀，給二十八歲的自己也寫過一封長信，信裡的我滿腹委屈，因為無處訴說，所以用文字將心事寫到紙上，希望三年後的自己，能夠有所成長。

如今我已經來到二十八歲，二十五歲的煩惱不再是煩惱，反而變成了可以一笑置之的小事。

時間不能解決問題，卻可以讓問題不再棘手，甚至微不足道，足以忽略。

安妮，好多人跟我詆毀三十歲的你，明明你還沒有來，明明你的未來應該被期待，但他們選擇性失明了，他們只看到你快要奔三的年齡，看到你沒有丈夫和家庭，他們把年齡作為你最大的軟肋，勸你繳械投降。

他們說：三十歲，你就會在婚戀市場上滯銷；三十歲，不結婚就真的成了異類；三十歲，你將錯過最佳的生育年齡……

二十八歲的我，現在被製造著年齡的焦慮，
三十歲像是一場一定會到來的噩夢，他們每天為我預告，
我的身上彷彿背負著一座看不見的十字架，走到哪裡，都感到無比沉重。

今夜寫這樣一封長信給你，其實好多話要說，也有好多話想替二十八歲的自己提前轉達，但不知道怎麼回事，真正要寫下來的時候，如鯁在喉，表達被打了折扣，言語零碎得不像話。

三十歲的安妮，不知道你現在是否遇到了一個願意伸出手緊緊牽住你的愛人，他是不是陪在你身邊，和你度過了無數孤寂又恐懼的夜晚？

如果有的話，恭喜。

我知道愛對你而言是最艱難的課題，你敏感、多思，被情緒問題困擾多年，你原本對愛不作期待，可是如果你真的有幸遇到了一個對的人，我希望你能真誠、坦誠、赤誠地去愛。你知道的，愛是可遇不可求的神跡。

當然，如果你還是踽踽獨行著，也沒有關係，你擁有比別人更多的時間觀察你自己，注視你自己，取悅你自己。

你有書可讀，有文字相伴，有體面的工作，還有一處得以安居的房子，對了，你還有相伴多年的朋友，你依舊是個比很多人都要幸福的女孩。

安妮，我真害怕你一到三十歲就慌不擇路啊，我怕你因為一念之差走進婚姻，按部就班過自己不喜歡的生活。

如果真的是這樣的話，我想，二十八歲的我，一定會瞧不起你。

安妮，你記得嗎？你在二十歲的時候看過一部電影，名叫《刺激一九九五》，電影裡有一句名臺詞，當時你摘抄在本子上，很長一段時間都是你的座右銘。

那句話是這樣說的：「所謂監獄，就是任何一個你不喜歡又離不開的地方，任何一種你不喜歡又擺脫不了的生活，就是監獄。如果你感到痛苦和不自由，希望你心裡永遠有一團不會熄滅的火焰，不要麻木，不要被同化。」

你當時把這句話寫下來，還特意打上了一顆星，你告訴自己：一定要過忠於內心的人生。

安妮，距離三十歲的你還有兩年時間，兩年，說長不長，說短不短。高樓可以拔地而起，命運可以詭譎多變，你最害怕的，大概就是爺爺奶奶老去吧。

兩年後你三十歲，他們都已經進入耄耋之年，我知道，這是你成年後如同詛咒一樣的東西，你害怕他們敵不過時間，也深知沒有人能夠敵得過時間。

你其實很早很早以前就在害怕了，你也很早很早以前就被教育要習慣一個人。你還記得嗎？很小很小的時候，你問過奶奶一個問題：「為什麼你不送我去上學？」

奶奶說，家到學校就是一條直直的水泥路，我看著你進學校就放心了。

從那以後，你有意識地回頭，每次都會看奶奶有沒有在看自己，是的，她沒騙你。她站在路頭一直看你，就算卡車呼嘯而過，揚起塵土，她還是站在那兒，定定望著你。

後來，你轉學了，去了小城市。來往的車流太多，需要過馬路，她終於開始接送你。

不過她總是走得很快，不牽你的手，也從來不幫你背書包，她只是在紅綠燈的時候等你一起，叮嚀你先看左後看右。

你問她為什麼和人家奶奶不一樣？人家的奶奶都會幫忙背書包的。她說，書不是替我念的，等明年了，放學也要自己回來，誰能跟你一輩子？

「誰能跟你一輩子？」這句話你一直記著，它貫穿了你的整個成長歷程，是你一直揮之不去的心事。你偶爾也有過埋怨，你會想：我的奶奶不夠心疼我。

直到那年冬天，奶奶在某一個深夜突然開始流鼻血。好多的血，枕巾上、床單上，還有垃圾桶裡。

那時你大概十三歲，對生老病死的概念還很模糊，但看到了流鼻血的奶奶，還是忍不住號啕大哭。你站在她的床頭，拉著她的手問她：「奶奶，你生病了？」

她從容地讓你抽幾張衛生紙給她，還是只說了那句話：「你看，誰能跟你一輩子？」

那一晚你哭了很久，久到奶奶沒辦法了，她用鮮有的溫柔語氣講話，緊緊把你抱在懷裡，她說，奶奶會長命百歲。

好像是從那時候開始吧，你的腦袋裡開始有了恐懼，這種恐懼不是一個人走路回家，不是英語課上不會背課文，是——失去。

是一種不敢想像的萬劫不復。

你終於有一點懂奶奶說這句話的意思，也終於有點明白，她為什麼和很多奶奶不同。

從出生開始，每個小孩面臨的未來，其實都不相同。有些孩子從小就被父母、被完整的家庭包裹；而有些小孩，原生家庭有不同程度的缺陷，不早一點自立自強，就走不了太遠。

回憶過去這漫長的二十多年，「沒有人能跟你一輩子」這句話，似乎一邊傷你，一邊讓你堅硬和強大。

幼年時作業不會，奶奶不識字，爺爺只讀書到五年級，再難的題你也要自己解答。

再大一點，轉學進了小城市，開始接觸從沒接觸過的英語，沒有人幫你，你早起了近半年苦學，升國中時的英語考了滿分。

更大一點，你進入國中，成績慢慢比不過別人，城裡的小孩一個個聰明又會學習，你是努力的中上游，稍微懈怠就被甩在後頭。

高中時，你有些科目成績不夠好，為了上大學，去讀了美術，因為沒有基礎所以每天都坐在畫室畫畫，不敢停，生怕驚動了命運，連邁入大學的機會也不給你。

高二時出了車禍，左腳踝粉碎性骨折，命運的齒輪還是卡了你一年，讓你停下來接受捶打和歷練。

終於，進入大學了，在受限的視野裡極盡可能搜羅未來的風景，給火鍋店做過牆繪，做過家教，後來終於在寫作上有了一番小小起色。

「沒有人能跟你一輩子」，這句話讓平凡的你跑了太久，惶恐了太久，也堅強了太久。

你當然知道，你也必須知道前路漫漫，總有人跟你道別，即便痛不欲生，也要強忍傷痛，迎接明天。

但是安妮，我要跟你說，二十八歲時的你一聽到爺爺奶奶有任何病痛，還是會像個孩子一樣狂哭不止。

你在二十七歲時離職回到老家，陪伴他們度過無聊又閒適的歲月，偶爾日子太愜意了，你就忘了傷心，你看到他們從容談論生死，平靜看待離別，心口有明顯的陣痛，卻只是默默跑到浴室裡擦拭難忍的眼淚。

後來你來到二十八歲，你已經不再像十三歲那般痛哭，你嘗試去建立新的親密關係，卻總是屢屢受挫。你突然意識到，所有心理準備都是假的，面對可以預見的悲傷，你不過是選擇了暫時的逃避。你早該知道，這個世界上有許多無聲的槍響，生離便是最重的一擊。

安妮，三十歲的你，會更堅強嗎？面對離別會不會倒地不起？

我最近在讀一本書，書名叫《第一人稱單數》，讀這本書的時候，我看到作者寫的一段話：「儘管如此，如蒙幸運眷顧，偶爾還是會有一些語句留在我們身邊。它們在深夜爬上山坡，鑽進量身挖掘的小洞裡，屏氣吞聲，巧妙地送走呼嘯而過的時間之風。」

讀到這段話的時候，我尚能想起過去讀到的一些書，書中振聾發聵的話，有些讓我清醒，有些讓我奮進，難熬的時光因為書籍提供了足夠的養分，讓我得以咬著牙挺過來。

迄今為止，你還沒有被打敗，你不會被打敗的，對吧？人人都說讀書可以治癒人心，二十八歲的我深信不疑。只是翻到此頁，想到未來的你，或許會經歷此生最大的人生巨變，我還是不免感到憂心忡忡。

不過安妮，你放心，二十八歲的你有在好好孝敬他們，給予陪伴給予經濟支持。對了，今年的秋天，你還會帶他們去北京，實現他們合影天安門的心願。

安妮，三十歲真是個可怕的年紀，它充滿爭議也充滿恐懼，但我還是希望你勇敢，再勇敢一點！

時間不能解決問題，卻可以讓問題不再棘手，
甚至微不足道，足以忽略。

微文學63

你一定要勇敢，直到抵達自己

作　　者——唐安妮
副 主 編——朱晏瑭
封面設計——初雨工作室
內文設計——林曉涵
校　　對——朱晏瑭
行銷企劃——謝儀方

總 編 輯——梁芳春
董 事 長——趙政岷
出 版 者——時報文化出版企業股份有限公司
一〇八〇一九臺北市和平西路三段二四〇號七樓
發行專線——(〇二)二三〇六六八四二
讀者服務專線——〇八〇〇二三一七〇五
(〇二)二三〇四七一〇三
讀者服務傳真——(〇二)二三〇四六八五八
郵撥——一九三四四七二四　時報文化出版公司
信箱——一〇八九九臺北華江橋郵局第九九信箱
時報悅讀網——www.readingtimes.com.tw
電子郵件信箱——yoho@readingtimes.com.tw
法律顧問——理律法律事務所 陳長文律師、李念祖律師
印　　刷——勁達印刷有限公司
初版一刷——二〇二四年六月二十一日
定　　價——新臺幣三五〇元

時報文化出版公司成立於 1975 年，並於 1999 年股票上櫃公開發行，
於 2008 年脫離中時集團非屬旺中，以「尊重智慧與創意的文化事業」為信念。

ISBN 978-626-396-406-8　Printed in Taiwan

你一定要勇敢,直到抵達自己/唐安妮作. -- 初版. -- 臺北市：時報文化出版企業股份有限公司, 2024.06
面；　公分

ISBN 978-626-396-406-8(平裝)
1.CST: 自我實現 2.CST: 自我肯定

177.2　　113007990